談美感

漢寶德⊙著

如何落實美育？（代序）

⊙漢寶德

在台灣，由於國民不曾受到適當的藝術教育，他們長大成人，以至於老年，都是美盲。他們既不可能再回學校去受教育，要提升國民的審美水準，文化機構就必須擔當起教化的任務。

有不少朋友看我的美感謬論一段時間後，都說要拿出個具體辦法來。我並不是沒有辦法，然而我的辦法涉及到國家的美育政策，說出來又有什麼用呢？為了國民教育，我曾寫過「藝術教育救國論」，雖在朋友間起了一些回響，但仍然被大家當成野孤禪。

前些日子，林懷民在不同的場合表示了一些意見，這位聲名顯赫的老弟說話應該是有影響力的。他一改往年的沉默對文化政策說了些話，說的就是全民美育。他與我完全不同路，卻有相同的體會，使我覺得應該在美育的具體辦法上多說些話。林懷民雖然表示了明確的意見，相信他的想法並沒有具體到可以落實的程度。

全民美育的實施，在政府中分屬於兩個部門，一是文化，一是教育。在過去只有教育部，是教育部長的責任，如今有了文建會或文化部，兩者就要分開了。這兩部分的劃分其實是很明確的：教育是指正式教育，也就是學校教育，文化是指非正式教育，也就是課堂之外的社會教育，這兩種教育在全民美育的實施上是不相同的。

先談正式教育

與知識和道德教育一樣，國民美育的成敗大多要看學校教育是否積極推動，以及方向是否正確。我國自民國初年，蔡元培先生提出美育的理想，一百年來沒有走上正道，實在是沒有頭腦清楚的教育家提出具體可行的辦法（當然與國家動亂不無相關）。其實在當時歐美各國推行美育，方法是很具體的，而且很有效，也許就是我們的國民小學中「美勞」課的來源。

美勞二字是英文Art and Craft的翻譯，是英國藝術與工藝運動後在藝術教育觀念上的產物。以手腦並用的方式從事美育是它的基本精神。這兩個字不是美術與勞作的合併，不能視為畫畫與手工兩樣東西，應視為通過手工藝而完成的美感教育。這一教育觀奠定了西方工業產品的美學基礎，也成為生活美學的根本要件。

我們的藝術教育在錯誤的觀念下敷衍了一百年，到今天有些積重難返了。時代飛逝，再回到一百年前重新出發是很困難的，目前改為「藝術與人文」的辦法如何呢？

不成。教改的大人先生們以為把各種藝術讓孩子們沾點邊，就可以提高人文的素養。這把藝術素養當成科學知識了。「人文」談何容易！不但是小孩子，即使是大學生、研究生，吸收人文價值都是有困難的。學校的藝術教育要先檢討教育的目標，也就是說，先要問學校通過藝術教育要完成什麼？在蔡元培的心目中，藝術教育的目的也就是提高審美的素養，進而提升精神境界，因此他認為美可以代替宗教。這些到今天好

蘇荷兒童館：使觀眾走入繪畫中的展示。

像已經沒有人相信了，那麼在學校裡教藝術何為？

如果教藝術為的是人文素養，必須把藝術與人文課，亦即歷史、科學、哲學等合起來教。在美國已有學校這樣作，要在高中實施。紐約有一所Ross School就是這樣的學校。這是很高的理想，把藝術當成施教的主軸，需要一群非常成熟而且能與學校合作的老師。這樣的藝術教育，是通過藝術來認識文化，深度的了解人文現象。只是要達到其理想是非常困難的，只有在貴族學校中才有此可能。

在二十世紀的三〇年代之後，歐洲開始把藝術教育視為開發創造力與想像力的教育。這顯然是受了現代藝術的影響。教育的方法就是創造。美感的培養是在創造中潛移默化而得到的。與十九世紀的藝術教育比較起來，是自寫實的圖畫與工藝性的繪圖轉化為自由表現的繪畫與幾何圖案藝術。不論是強調規矩的圖，還是強調想像的畫，都可以通過手腦並用的練習達到審美訓練的目的。只是早期的藝教偏重於國民就業與工業生產的實用觀，後來的藝教則以中產階級的感性教育為重點而已。

可是台灣的美術教育僅止於教學生繪畫，對於有些才份的學生就要他進才藝班，當小藝術家來教育了。沒有藝術天才的孩子失掉了接受藝術教育的意義，美術課就成為聊備一格的課，大多數的學校，為了學生準備升學考試，都出借給主科補習之用。老師們也樂得輕鬆，可以多些時間創作，為自己的美術前途努力。

台灣的美術教育就這樣混了幾十年，但是二十世紀八〇年代、西方在藝教上的觀念變革，把藝教的功能自人文素養轉變為對社會與文化的理解所形成的混亂，也還沒有影響到台灣。

那麼，我對藝術正規教育的主張何在？

首先要按學生的年齡分為三階段。在國民小學的階段要以動手、創作、描繪為主要內容。在這種年齡的孩子可以發揮想像力，以手腦並用的動手製作或創作多少帶有遊戲意味的作品為課堂的作業，激發他們在造形上釋放創造力的興趣。描繪實物，也就是寫生，在某些十來歲的孩子來說，也可以發生興趣，因而通過繪畫深刻地認識外在世界。這一部分在台灣藝教中做得大體不差，只是在落實的方法上尚有問題而已。

在創作的教育之中一定要佐以知識與思辨的內容，美術的初步判斷要在這時候引入課堂教育中，最好把抽象畫的欣賞與討論作為小學高年級教學的一部分。

第二階段，也就是國中，是美感教育施教最重要的年齡。在重創作、表現的小學藝教之後，在身體機能逐漸成長，智力發展趨於成熟的階段，應以設計教學的方式施以生活美學教育。

今天的設計教學以電腦為工具，已經不是枯燥的功課。把基本的審美原則通過電腦軟體使學生自遊戲中學習，應該很容易成功。當然了，只靠高科技工具是不夠的。傳統的工藝，如應用陶藝、簡單的金屬工藝，甚至木工，都可增進孩子們對生活器物的理解與審美判斷力。但是國中的藝教仍然應以平面設計為主，反覆練習點、線、面的組合，比例與構圖，色彩的調配與造形的原則。這些都是在現在的美術課中點到為止，不受重視的那一部分，其實正是美感教育最有效的工具。

換言之，在國中階段要完成手與眼的訓練。其主要目的在審美眼力的養成。美感以眼為窗口，通過手的實踐，連結理性與感性，為一生的審美生涯打下基礎，這是最重要的階段。對於有藝術天份的人，在此階段可以加強寫生畫的訓練，培養作為創作家的基礎。在九年國教的計畫中，還應該注意適當增加些名畫的欣賞與討論。

高中課程則應實施結合創作、藝術史與藝術評論的綜合性課程，視學生的性向，三部分的份量可有增減，對大部分的學生而言，是自欣賞到認識藝術，從而深度的體會其文化背景與社會涵構。

高中的審美教育中應該包括空間美感的體驗與創造。這是生活美感的基本架構，我認為是高尚國民的基本素養，因為篇幅有限，在此就不多說了。

次說非正式教育

課堂之外的教育，不包含補習班，指的是以場域為主的，也就是美術館與類美術館的教育。一個美好的場域中布置了美術品，供大家自由瀏覽就是美術館。同類的場域而沒有美術館的名稱與形式，就是類美術館。由於非正式的教育是受教者自由參與，自由吸收的，平常我們稱之為文化，以與正式教育有所區隔。可是正因為沒有出現「教育」二字，過去的非正式教育沒有發揮什麼作用。

文化是很高尚的字眼，好像不是一般人必須接受的。過去的美術館所持的態度正是如此。一棟很高貴

｜ 兒童美術館中的美術課 ｜

嚴肅的建築裡掛著一些大家看不太懂的畫，是傳統美術館的形象。那只是已經懂得美術的人去消磨周末閒暇的地方，不是一般大眾接受藝術教育的場所。

在台灣，由於國民不曾受到適當的藝術教育，他們長大成人，以至於老年，都是美盲。他們既不可能再回學校去受教育，要提升國民的審美水準，文化機構就必須擔當起教化的任務。文化機構的效用與國民教育比較起來是很有限的，但是亡羊補牢，這一部分仍然是很重要的。

其實在化育方面，類美術館比美術館還重要，一切都市與公共空間，如善加設計，結合美術品，因與生活直接相關，其化育功能尤勝過偶爾去一次的美術館。自家裡的客廳，到街巷的景致、公園的風貌、廣場的氣勢，都可以是類美術館。國人近年花費很多金錢在公共藝術上，可惜沒有考慮到場域，因此未產生類美術館的效果。到目前為止，台灣的公共空間還沒有一個設計的機制，只有聽任其自由發展。在唯利是圖的現代社會中，要想把公共空間及其附屬的藝術達到歐洲的美感效果幾乎是不可能的。這是國民美育最大的悲哀。

美術館的發展近來略有進步。主要的現象是美術館開始注意觀眾，並設法降低觀眾之年齡層。在展示方法上，也開始考慮到趣味性，甚至引進親子活動。可是因為對藝術教育中的美感部分沒有重視，甚至忽視，所以藝展之於觀眾的意義是很不明顯的，有時只有靠超級特展的國際知名畫家的名氣，用好奇心來招攬觀眾，這種展覽看上去成功，其實是缺乏教化意義的。

美術館在美育上缺乏實質貢獻，歸根到底是太重視純美術，忽視了生活藝術。台北市立美術館近年來頗重視建築，引進不少建築展，但在美育的效能上，建築不容易展出其空間美感，在真正的生活藝術中也還沒有具體的表現。原本要作為第二美術館之用的前市政府建築，沒有照原定從事美育的計畫，改變為當代美術館，而是以推動前衛藝術為目標，而設立了現在的「台北當代藝術館」。

如依我的想法，當代藝術館辦理前衛藝術，台北市立美術館應把三分之一以上的空間來策畫生活器物的藝術展。當然了，最理想的方式是另外設立一座生活美術館。

我所設想的生活美術館一方面要造成與生活結合的目的，所以要以生態式展示為主；另方面要達成藝術欣賞與充實生活的雙重目的，所以要以互動式展示為主。在生態式展示中，我們像走進真實的生活空間，在這裡美的器物還原在它應該放置的位置，而不是放在玻璃櫃裡。觀眾在生活化的展示中可以得到啟發，大大提高自己的生活願景，及對美感的渴求。

在互動式的展示中，觀眾可以與精美的展品有直接的接觸，對於器物的功能之美，不直接動手試用是無法體會的。一把著名的座椅除了美觀之外，坐上去一定要舒服，生活美術館的互動式展示好像一個高級產品的賣場，讓大眾免費試用，但其不同處除了不賣之外，還有導覽人員的深度解說，及現代的影音等輔助設施。

藝教與美育分家

上面簡單的說出了我對國民美育的看法。這只是一個輪廓，再多說恐怕連讀者都感到厭煩了。實施這樣的美育有什麼困難呢？最大的阻力是意識形態。我在這「談美」系列的文中一再提到，後現代的多元社會中，否定了美的存在，才是真正的問題。先要不為時下的思想所誤，才能邁出第一步。為了解決學界的爭論，我的建議是把藝術教育與美育分開。在學校教育中，藝術是一門課，美育是另一門課，藝術專以創作與文化

芝加哥兒童館：展示主題為想像中的花朵、蜂、蝶的世界。

的理解為主，美育則以美感的培養為主，在觀念上不再衝突，就可按部就班的施教，免除學生在不同觀念間的掙扎，美育可以當成準科學來教。

在文化機構上也可把藝術與美感分開，凡以前衛藝術為表達內容的機構，應該稱之為藝術館，凡以美育為內容的才可稱之為美術館。所以當代藝術館不能稱為美術館，如果市立美術館以展示前衛作品為主，就不應稱為美術館。美術館應該名副其實的陳列美的造物，要以各種方式推行美感大眾教育，其收藏品都要以美為原則進藏。這樣一來，美術館可以肆無忌憚的對大眾呈現美的造物，宣揚美的價值，不必為社會主義與多元價值的觀點所牽累。

以上就是我在實施國民美育上的夢想。雖為夢想，也是有實際效用的構想。剩下來就是政治權力的問題了。比如教改，有了李遠哲先生的大力呼籲，形成國家政策，推動了十來年。美育比起全面教改要單純得多，而且容易收效，可是缺乏政治力量的推動，就只能是一種個人的看法了。

目次

輯一

美與生命的體悟

談美感

美感的育成

現代社會的休閒方式只是不斷的增加感官刺激，其結果是精神的敏感度日漸降低，美感因而消失。這是我們的時代最嚴重的文化問題，而我們卻樂此不疲。

我再三的告訴自己，「談美」已談得太久了，可以停筆了。可是卻不時看到、聽到一些事，使我又想多說幾句。

前幾天的周末早上，內子與我到大安公園走了一趟。我已很久沒有去了，因為大安公園的設計水準不高，對我沒有太大的吸引力，可是作為森林公園，只要樹木長起來，草地綠油油的，就有其可看之處，我想看看，公園裡的樹木長得如何了。誰知到了那裡，才知道適逢市政府辦理花藝展，五顏六色，各種花卉把公園裡的空地妝點得熱鬧非凡。這哪是森林公園，簡直是遊樂園嘛！

市政府做這些事，花費不少金錢，是為討好市民。市民們也很領情，因為人群如過江之鯽，熙熙攘攘，多為觀賞花展而來，可是我大為失望。因為這類花展實在太俗氣了，賞花本是雅事，何以政府用熱鬧來吸引人群，而不趁此機會，提高市民的審美水準呢？

美不是熱鬧

美感的培養要從靜處開始，要能使外在的現象與內心的感應相契合。一個樹木與草坪組成的公園，可以有它的沉靜之美。由於季節的變化，自然環境散發不同的光輝，其中之一是花開花謝。古人賞花因季節而變，春有桃李，夏天賞荷，秋天賞菊，冬天賞梅，不同的花有不同的美感。自外形看，各種花有其獨特的造形，花瓣之形狀與組織，色調之配合，要靜心才能體會其美，所以古代文人，到每一季節都把賞花當成一種儀式。形式之外，還有內容。以花的個性來狀寫人的品格，就把美感提升到情性的層次，外形的美與心性的素養才能產生真正的契合。

可是今天的公園裡，花的角色改變了。花，成為色彩，要把公園渲染成熱鬧的彩虹，來激動市民們的情緒，在這裡，花，不論是哪一種花，都失掉了它的個性。大部分的花都是所謂草花，不知其名，是市政府的花圃裡培養出來的，隨時用來點綴公園景致的，沒有人關心是什麼花，只看到一片花團錦簇，一些華麗耀眼的顏色而已。花，失掉了其外在與內在的美感，只是刺激我們感官的色塊！

不僅此也！大安公園的花卉季，都是有名堂的。這一次的主題是「喜宴」。不知這個題目是誰出的，但可知道其用意是營造一片喜氣，讓市民們感到歡樂的氣息。台灣近年來的氣壓太低，在政治與經濟上造成大家的心情都很鬱悶，在公園裡以喜宴為題陳列出花卉，是出題者的一番苦心，然而他們怎麼經營這個「喜宴」呢？

他們用的方法是很具體、很幼稚的，把「美」完全丟在一邊了。在公園的進口處，掛了一串紅燈籠，好像真有婚禮在進行，花圃中的花是種在禮盒裡。這不是花卉展，是玩弄花卉。到裡面，花樣更多了，到處都是用紅布做成的心形裝飾，有用花裝飾成的大蛋糕，有龍鳳呈祥之類的大雕刻，還有一個題為「紅燒獅子頭」的展示，也是用花卉組成的，真是糟蹋美麗的上帝造物！

為了造些古怪的景致，只有花不夠，他們弄了些道具，一個展示中做了幾個酒瓶，另一個展示中做了馬車，還有一個花轎，真是不一而足，以顯出「喜宴」的故事性，到處都有媽媽帶孩子指手畫腳的說明，甚至留影紀念。自譁眾取寵的意思看，這些展示是很成功的，但自公民教育看，卻有誤導的作用。

感覺是欣賞的第一步

森林公園是休閒、散步之用，供市民在安靜的自然環境中，享受一絲安詳。這是讓市民體會大自然美感的最佳時機。然而我們卻耐不住寂寞，竟連這一點閒靜都忍受不了，一天到晚想著如何把公園熱鬧起來。在「喜宴」這樣的主題下，樹林、草坪不見了，花也不見了。我曾嘗試去計算有多少種花被利用來做成圖案或形象，但算不過來。我看到向來被視為高潔象徵的菊花，用來嵌在造形古怪的鳥身上。

我有些失魂落魄的離開花園，卻在大門內廣場遇到一位不太認識的朋友。他很高興的與我打招呼，向我說明他如何為我的文章而感動，現正努力進行社會美感教育。因此他帶了幾個朋友來欣賞公園中的花卉展。我只有很肯定他的努力，但卻不免懷疑，把花卉展當成美感教育的機會，恐怕很難收到效果。其實這正是我深深感到美育推動困難重重的原因，因為美育的歧路太多了，即使最熱心的教育家也很容易步上歧途。

熱鬧的景致就是在美育的路上一條最容易跨入的歧途。大家很容易誤以為興奮的感覺就是美感，我沒有在這位朋友面前點破，卻告訴他，美育之途第一步是有「感」，但這只是第一步。沒有「感」，一個人對外界就沒有反應了。麻木是現代人的通病，所以興奮是促成感覺恢復之道。現代社會的休閒方式只是不斷的增加感官刺激，其結果是精神的敏感度日漸降低，美感因而消失。這是我們的時代最嚴重的文化問題，而我們卻樂此不疲。

正確的步驟是，一旦自興奮中恢復感覺，就不要再增加刺激，嘗試恢復冷靜。這時候要學習「審美」，英文中aesthetic這個字兼有愛美、審美、美學的意思，似乎指明了美感素養的三個階段。愛美是感覺，審美就需要靜思了。靜思是深化感覺，淨化感覺。比如看花卉展，首先是為萬紫千紅所動，進一步要把眼光凝聚在花上，而不是看那些粗糙的故事布景。欣賞一朵花，才發現它是一個獨立的生命，可以自其中看出美的世界，所以真正會看花的人，一枝花就夠了，自花朵中悟到的美就具有普遍性。

如果冷靜下來，就會發現熱鬧無法掩飾粗糙與醜陋。犧牲了花的美，滿足市民好奇的心理，讓他們無意中接受幼稚的心靈造物，降低了精神品質，是很可惜的。

怎麼讓他們冷靜下來呢？一個簡單的方法是給他們思考的機會，比如讓他們回答問題：你覺得這個展示美嗎？為什麼？開始思考就會有所批判，開始批判才會養成美的欣賞能力。經過自我形成的判斷力，你就會很不客氣的討厭那些幼稚、粗劣的設計，排除醜陋對你的影響。很可惜的是，遊樂園式的休閒讓你停留在感覺興奮的層次，不讓你有思考的機會，而且還把這種感覺稱為美。

美感的生活化

具備了審美判斷力，對我們有什麼意義呢？其目的是得到精神持久的滿足。真正的美感素養如同宗教信仰，對於精神的提升是有恆久性的，美不能代替宗教，但有類宗教的力量，具有美感的東西對精神生活有持續的加持作用。一件具有高度美質的藝術品，永遠不會看厭；每看到它，都會予人以滿足的感覺。在美感的世界裡，沒有喜新厭舊這回事，凡是好美而又厭舊的人，他所好的美並不是純正的美，而是新奇，甚或貪欲之心，追求感官刺激之念。

只要看迪士尼式的遊樂園就好了，在每一園中都有雲霄飛車，是用速度與危險邊緣來滿足刺激感的昂貴設備。自從發明以來，這種在空中旋轉的飛車的速度、高度與長度不斷的增加，使追求刺激的人永遠可以攀上更高的一層，尖叫似乎是現代人最高的快慰，由於身心的刺激為大家所追求的目標，才使美感淪落，甚至不為學者們所支持。後現代之美失掉了方向，就是在理論上追逐感官主義的緣故。

美感素質最重要的是美的生活化，也就是在日常生活中建構美的世界。因此美的素養不是休閒時的刺激，而是一種生活方式，這就是一個文明國家的公民必須把美做為素養的基礎的理由。

有人說，美是有錢人的專利，是完全錯誤的。古代文物與藝術品確實是非常昂貴的，要擁有，非有錢不可。但是擁有這些美的東西並不一定有美的素養，文物的收藏家雖然可能是美的渴求者，也可能只是稀有東西的搜集者，我曾見過家裡古物堆積的收藏家而無絲毫審美品味者。這就是我們常說的「暴發戶」心態。搜集是一種癖好，並不是愛美的表現，大陸目前最大的收藏家就是如此。

美感的養成之道

美的東西不一定特別昂貴。在台灣，有人尋找枯木、有人尋找頑石；他們所尋找的是大自然所創造的美物。大自然並不辨別美否，是收集者的審美能力在枯木、頑石堆中找到可以置於案頭，每日把玩欣賞的東西。這就是我們所說的「眼光」。

培養成熟的眼光要靠美育，在台灣這樣缺乏良好美育環境的地方，美育須靠自我養成。這不是不可能的，如同大多數人並沒有接受過音樂教育，但我們都會聽好聽的歌，甚至欣賞交響樂，那是因為我們常常聽美好的音樂，我們聽CD，聽收音機，有MP3，都是經典性的作品，由著名音樂家演奏的錄音，聽久了，雖然仍說不出什麼名堂，卻可以辨別樂音之美。因為欣賞音樂已有了良好的環境，並不一定要去音樂廳欣賞音樂，音樂之美的素養並沒有嚴重問題，視覺之美問題就大了，我們早上醒來，睜開眼睛所看到的，都是缺乏美感的東西。走到街上，是世界上最紊亂的城市，學校的建築環境也乏善可陳。在我們生活中，一切都是雜亂與醜陋，要我們怎樣自我養成呢？

視覺美的養成之所以困難，正是因為我們無法把美從醜中獨立出來。沒有機會常常看到經典的美質，是無法養成審美的習慣的。因為習慣的養成，要多看好東西才成，可是基於這個原則，自我教育，只要有心也並非不可行，只是那些有心人必須非常勤快才成。第一件工作就是要常常拜訪博物館，比如在故宮的展出中，以瓷器的美最受肯定，而且容易了解，有意自修審美能力者應多看最簡單的宋朝汝窯與官窯器。眼睛看熟了，可以看元、明、清的官窯器，嘗試經過專家的指引去欣賞。常去、多看是原則，因為那都是經典性的美物。如果去外國，就到大博物館的古希臘部門，看他們的文物收藏，因為古希臘是美的經典。眼光有些把握了，再去看後代的東西，如果你想增加眼睛觀察力成長的速度，可以買些印刷品質精緻的畫冊，在家閒時常常翻閱，也可以買印有那些文物的月曆懸在案頭，要點是要常常看，養成吸收美質的眼光。

如果有錢、有閒，就多出國旅行。要到歐洲的名都大邑，體驗人家的城市環境之美。但不要跟旅行團，要有時間在重要的街道上步行，甚至大街小巷穿行。出國可以有多種理由，有人意在探險，有人意在自然環境，也有人去體驗原始生活。可是要想由文明世界的城市美感中養成判斷力，只有去西歐進步的國家。中國大陸原有很精彩的古城市可以體驗，可惜改革開放不到十年，就全被破壞了。剩下的不多，沒有專家帶領是很難找到的。

人類文明的進步，確實靠喜愛新奇的心理，但是對美的敏感反應卻是文明的基石，有文化素養的人可以陶醉在美感中，享受精神的愉快。這是我們需要的基本修養。

美與生命的體悟

美不但是延續生命衝動的觸媒，而且是演化的動力。物競天擇是生物演化的基本原則，生物間為求生存而互相競爭，而存活並可繁衍者，大多是「美」的勝利者。

我國古代的哲人，除了道家之外，都不談美。即使道家談起美來也很含蓄的，這是因為古人是把美與善對立起來，而善自然是最受尊崇的價值。也就是因為儒家一直把美與罪惡連在一起，才使得在我國豐富的思想史中沒有美的位置。直到最近，哲學家們才開始把道家中的美開發出來，建立起東方特有的美學。

其實西方的哲人對美也懷有戒心，所以柏拉圖才有驅逐詩人之說。可是一旦美與真、善結合，那就成為神明了。西方文化是把美視為至高無上的、神明一樣的力量，才產生了以美為中心的藝術史。也是因為以真、善為基礎，西方的美一直是哲學的一部分。

美的價值自生命中尋求

首先，美是從生命中產生的，它是生命的因子。我曾經不只一次指出，美是天性。為什麼上蒼賦予人類這樣的天性？是為了使人類擁有求生的能力。在求生存的潛能中，以延續生命最為重要。仔細想想，這是多奇妙的設計！上蒼設計了「美」，又賦予人類覺察美的功能。

以最原始的味覺來說吧！大自然為我們設計了非常敏感的覺察美味的能力，而又使最有營養，可使我們健壯的食物具有這些美味。在原始時代，假如我們沒有辨別美味的能力，我們隨時可能被有害的食物毒死。凡不利於我們生存的東西，大體上說，是我們的味覺所不能接受的。只有在生病的時候，為了治病，才會吞食苦口之藥。味覺之甜與嗅覺之香就是美味的基礎。

延續生命之道除了使自己存活之外，更重要的是把生命傳到下一代，因此求偶並傳宗接代的功能，是上蒼神奇的設計。為了創造生命，大自然設計了精巧的生殖機制，並用美感作為兩性相吸的觸劑。沒有美感的存在，就沒有情愛發生，如何因兩情相悅而生出下一代？大自然重視生物後代延續的功能甚過於生物本身的存活，因此很多低等動物，完成交配之後，雄性即以身殉；所以殉情是自然賦予生物的行為傾向，而其媒介就是美。中古的騎士為美女殉身，或戰死疆場的故事，就是生之戲劇的具體化。

美不但是延續生命衝動的觸媒，而且是演化的動力。物競天擇是生物演化的基本原則，生物間為求生存而互相競爭，而存活並可繁衍者，大多是「美」的勝利者。強而有力者獲勝，而力與美自古希臘以來，就視為同義語。由於此一競爭的原則，人類的演化乃逐漸向力與美的方向發展，直到人道主義出現。

從這個觀點看，美是一種生命的力量，是存活的競爭力。大自然發明的萬紫千紅，與醉人的馨香，無非是生命傳播的工具而已。因此也可以視美為創造的根源。人類進入文明社會，這種力量就被轉化為人文精神，居然被視為貴族階級專有的生活素質。與善行一樣，成為富有者，也就是勝利者的點綴。

到了民主、均富的二十世紀，情形就改變了。美已成為大眾的財富，為眾人生命中的必需品。因為美是人人所需要的，因此現代科技不斷的提供美，生產美，使大家的生命更充實，更幸福。

生命因美而充實的時代

在原始時代，美的追求也許是殺伐的起因。經過轉化後，人文化的美，脫離了生命之爭的第一線，進入精神領域，反而可以減少殺伐的動機。人類文明的進步，最偉大的轉捩點就是馴服了美，使它成為可以創造出的產品。那就是藝術。經過人文化之後，美是多多益善的，使人類的暴戾之氣逐漸消失，愛與和平因而盛行。

我國的古代聖哲是用禮、樂來化育百姓，其中的樂就是美，就是藝術。這與西方人用神廟的建築、神像的雕刻來化育黎民，其意義是相同的。自社會功能上看，都是最早的社會教育。只是我國的禮樂是為上流社會準備的，不及西方，美育通過今天稱之為公共藝術的設置來達成，化育的對象及於一般民眾。

據說古代的雅典人，以美的追求為生活的重心。這當然是哲人的理想世界，是否真實，有待查考。但是我們推想，如果一個社會上大部分的民眾都有高度審美能力，都為美的事物所陶醉，而他們建設的城市，自街道、建築到廣場，都合乎美的原則，處處都點綴了美的壁畫與雕刻，閒暇時又有淒美的悲劇在上演，人人都可免費欣賞，確實是人間的天堂。美在這裡取之不盡用之不竭。

真正愛美的人最接近「不食人間煙火」的狀態，用美來充實生命，其他的低級欲望就減少了，世事的煩憂也因而降到最低。雅典也許是一種虛擬的理想狀態，可是在我們熟知的凡世

愛琴海羅德島上的公眾建築圖書館。

上，對於某些人，藝術美化人生，雖不能拯救人的苦難，至少可以排憂解煩，淨化心靈。

這正是上流社會藝術的主要功能。美成為生命中的鎮靜劑，使我們煩躁之心平定下來，恢復正常狀態。這不正是宗教的功能嗎？人間是充滿了苦難的。文明的進步基本上是為了減少苦難，增加幸福，可是幸福苦短，苦難漫長，人類生存在不如意中。因此人文的陶冶之首要功能就是使人類的心靈具備化解苦難感受的力量。接受生命，安然承受生命中的一切，是人生修為的第一步。宗教可以幫助我們走上這一步，宗教之外只有美德。可是美的生命價值只對懂得美、欣賞美、愛美的人發生作用。因此美育對於人生的價值是很根本的。

對於美有高度修養的人，不但為美感所陶醉，因而更容易接受生命，而且可以乘著美的翅膀，超越凡俗的生命，進入更空靈的世界。那就是自悅耳悅目之美，進入悅心悅意的境界。

這就是我國道家思想對美的看法。

我國古人大多心懷經國濟世的大志，也就是必須通過政治的力量，展現自己的才能，以造福人群。但賢能者無法進入治國的團隊中，落魄終生是很平常的事。所以中國古代的讀書人多因抑鬱不得志而縱情藝術。他們依靠詩文、書畫以怡情養性，使生命趨於平靜，進而提升生命之境界，以優游人生，遂成為士大夫修身的不二法門。

對中國古人來說，美的境界首在自然，其次才是藝術。因為自然之中不但有無盡的美感，而且有生命之理，可供深思體悟。日月晨昏，花開花落，四季周而復始，裡面有很多生命的哲理，這是古人常常自道入禪，以尋求生命安頓的緣故。

愛美是對生命價值的肯定

以最接近我們的人生來尋求例子，為美所感動，時常可以為自己的生命找到光明的前景。當我們對自己的前途失卻信心時，最適當的途徑是在生命中尋求可以使自己感動的美。素人畫家洪通是一個生命失去方向的老人，有一天他為南鯤鯓的建築裝飾所感動，雖然他不識字，又不會用毛筆，卻能勇敢的拾起畫筆，創造出風格獨特的繪畫，至今為人所稱道。他依賴這種創造力，度過非常豐富又有成就的晚年。一個素不知詩書的老人尚且可激發出這樣的光芒，一般的讀書人的力量如能被美所激發，生命的價值必然可以更明確的肯定。素人藝術家尚有多人，其創作歷程均可供我們參考。

由於愛美而產生一種生命的執著，是人間最令人感動的事。大部分有成就的藝術家都是如此。十九世紀末，高更與梵谷的故事，可以說明這一點。

生命力的發揮不一定在藝術上，我們常看到報導，有些在事業上成功的人，大多起因於對某些事物的感動。有時候，由於某一食物的美而鼓舞起創業的企圖心，建立起一番事業，造福人群。有時候，在生命低潮的時候，由於對異性美的憧憬，發而為愛的力量，可以使自己振奮起來，做出一番轟轟烈烈的事情。這類故事是不勝枚舉的。

自此我們可以了解，愛美所激發的生命力，最終會落實到愛心上。這是創意人生的另一個

素人藝術家洪通的畫，風格獨特。

境界。

自美的探求，進而體驗生命，可以找到生命在存活之外更崇高的意義。「生命的意義，在創造宇宙繼起的生命。」是一句生命哲學的體悟，可以做多方面的理解。自根本上看，是愛生命之心的發揚。對生命而言，美是一種力量，它是創造的契機，所以愛美，自積極的意義上看，是生命力的發揮，是對生命價值的肯定。

自從二十世紀中葉以來，人類對於生命就有深刻的理解與感受，而有維護生命的主流思想出現，對於過去人類野蠻的殘害生物，甚至使生物斷絕的行為思有所校正。所以興起了愛護生物，以多樣性為號召，保護瀕臨滅絕生物的全球性的運動。這一努力方向的底定，是來自對生命之愛惜，而對生命之愛惜，實發源於對生物之美的珍惜。大自然創造萬物，均有獨特之美感。以野生動物為例，如除去其野性，幾全為可愛、美觀之寵物。近年來有不少野生動物之維護者，遠征蠻荒，以救援遇難之動物為務，愛之唯恐不及，甚至有馴猛虎與子女共同生活的情形。

這種精神之發揚仍以愛人為基本。自美感開始而有博愛之心，實際上就是結合真、美、善價值的理想狀態。自然是完美的，神奇的生命充滿了美妙的感覺。而美妙的感覺使我們頌讚生命，因而愛惜生命。愛的人生就是創意人生的極致。我們看人類，看各種不同種族、不同地域所產生的種種不同的文化，都感覺到生命樂章的可貴。

因此在文明社會中推行美育，實在是豐富人生所不可缺少的一環。美是沒有偏見的，它超越文化之間的壁壘。二十世紀以來的美學家把美的原則視為階級的偏見，因此不願討論美育，甚至在學校教育中廢除美育的觀點，基本上是錯誤的。對於近幾十年來青年生命方向感的迷失，多少要負一些責任。

只有使年輕人認識美，熱愛美的事物，才能談到認識生命與充實生命，愛美不會造成社會問題，它只會提高年輕人生活的精神境界，進一步的珍惜生命，欣賞生命、決心過一個美好的人生，當他們有了生命的體會，美就成為創造理想生命的動力了。

美與創造力

美不但是延續生命衝動的觸媒，而且是演化的動力。物競天擇是生物演化的基本原則，生物間為求生存而互相競爭，而存活並可繁衍者，大多是「美」的勝利者。

我在教育部出版的一本《創造力》雙月刊上，看到有美育的文章，非常興奮。在創造力教育計畫中，如能把美育放進去，使美育成為主流思想的一部分，實在太理想了。因為近年來，我一直為正當紅的文化創意產業中缺乏美感的位置而擔憂。為了瞭解內情，我趕快進到他們的網站，看看他們在創意中推動美育的經驗。可是坦白地說，看了網站中的內容，在興奮中免不了些微的失望，因為他們把創意當成美了。換句話說，教育部的創造力發展的主事者犯了一般人的通病，對美，有觀念上的混淆。

美與創造是兩回事

我一再的闡釋美的意義，就是因為它很容易被誤解，而美最容易被混淆在藝術之中，我已經再三的說明了。由於在過去，藝術的定義是美的造物，故兩者可以合一，自從二十世紀七〇年代以來，藝術已與美分家，所以後現代的藝術是反美，與創造倒一直是不能分離的。

其實藝術自二十世紀初開始就與創造結了不解緣了。那是因為表現派理論在藝術教育上占優勢的緣故。心理分析學者的藝術觀深深影響了藝術界，使他們覺得藝術不是追求美感，而是內心情緒的表現。因此兒童畫被認為是孩子們個性的自然表露，比傳統的繪畫要有價值些。個性的表現在理論上得到正當性，才有世人都看不懂的，表現主義與超現實主義的畫派產生。

創造這個觀念怎麼與藝術發生關係呢？因為個性的表現既成為藝術家追求的目標，人人都要創出自己的風格。藝術已經沒有共通價值，要尋求獨特價值。這個尋求的過程就是創造。由於藝術家銳意推陳出新，所以就被認為是具有創造力的行業，漸漸形成藝術就是創造的觀念。

因為在藝術上創造的背景是心理分析，而心理分析旨在挖掘人心潛藏的黑暗面，創造在藝術上產生的效果就可想而知了，大家要知道，古典的藝術觀，基本上是人文主義的，也就是強調、肯定人性的價值。這就是把「真、善、美」當成核心價值的原因。古今中外的先賢們所

｜ 巴黎香榭麗舍大道的前衛、歪斜的裝置。｜

努力的就是希望人類信守人性價值，維護人生的尊嚴。他們知道「人之異於禽獸者幾希！」正因為如此，要設法超越禽獸。在這個修為的過程中，美是主要的工具。表現主義的觀念要追求「真實」，認為真實的價值超過真誠的價值，相反的，把人文主義的精神視為虛偽。他們認為人性中的醜惡沒有什麼可恥，反而應該加以探索，使人類認識自己，扯掉偽善的假面具。這就是自現代後期，經後現代，到前衛藝術的心理背景。創造是不斷的探索。

我沒有意思批評這種心態。我要說明的是，在這樣的氣氛下，古典以來的美感觀念也被視為假面具。後現代的評論家為了建立醜惡藝術的正當性，為了與道德連在一起，就聲稱人文價值是資產階級的產物，是騙人的。他們對抗傳統的價值觀，驚世駭俗，行為乖張，反而是進步的象徵。他們信服毛澤東「造反有理」的社會觀，因此藝術家幾乎都屬左派，在社會主義色彩下，強調社會改革，反對有錢人的生活方式。否定就是創造的契機。

在這樣的創造觀之下，有些藝術家在二十世紀末就擺出一副無賴的姿態。在建築上，為了驚世駭俗，他們故意要蓋一座歪斜的建築，好像柱斜樑歪就是創造。因此前衛藝術界把不合理當成創造，標新立異代替了美感。

我要趕快聲明，我並不反對標新立異，因為它有一定的社會功能，也常常是進步的動力。

比如一個大家庭中出了個逆子，叛逆性十足，不聽教誨，不遵古訓，他常常被人唾棄，不成材具，淪為流氓、地痞之流，可是真正成大功、立大業的人，也可能是這類逆子，因為叛逆是創造的一種必要的屬性。然而標新立異並不表示一定要殺人劫貨，違反社會道德與秩序，它與美並不衝突，可以並存。我反對的是以顛覆美感來尋求新奇的作風。

理性的造物可以與美結合

理性的創造觀是與美並存的。甚至可以說，創造是尋求更高的美感。

在二十世紀六〇年代，自工業生產的觀點開發出一種創造觀，可以稱之為解決問題式的創造，在過去，我們習慣上稱之為發明。由於工業化的步調加速，工業界為了創造更美好的人生，以創造利潤，乃以推陳出新為要務，鼓勵不斷的創新。因為工業產品是有功能的，是要改善人類的生活，所以採用的思考方式，是以滿足人的需要為核心，這種創造的過程是融合了科技發明在內的。為了鼓勵創新的風氣，西方人早就有了專利權的保護措施。

理性的創造過程，也必須「叛逆」，因為創造就必須改革。比如為了滿足人類通訊之便，發明了電報，然後又用更人性化的電話取代了電報，如今又因進一步人性化的需要發明行動電話，每進一步就是對前一步的「叛逆」。可是改革的目的是滿足人類不斷提高生活品質的需要，不是為改革而改革，因此不論在立意上或效果上都是正面的，順乎人性的。

關鍵就在「提高生活品質」的觀念上。這個西方的字眼，若翻成中國人的觀念，就是幸福。它代表的意思一方面是物質的滿足，不但不愁衣食，而且心想事成。想什麼，有什麼才是真正的滿足。可是它已跨越物質的門檻，進入精神的領域。它有喜樂的意思，而喜樂是精神的滿足。我們喜歡、快樂，代表了精神價值的肯定。所以中國人過年時的一切活動都在經營歡樂的氣氛，其中最重要的價值，就是美感價值。因此要提高生活品質，就是要滿足物質生活上的需要，同時滿足美感的需要。

這就是設計的藝術所追求的目標。如果我們把美感的定義加以擴大，包括合情合理在內，滿足生活需要的創造物，乃具有功能的美感，理性的創造目標就是更高級的美感。在這一點上，純粹的藝術與應用的藝術立場完全不同。應用強調革新，是現實問題的解決，前衛藝術則是有意的惹是生非。

我用陶藝為例，說明兩者的差別，它可以是實用的藝術，也可以是表現的藝術。設計家與藝術家開始時面對自己使用的茶杯都感到不滿。設計家的不滿是因為一些應用上的不便，或造形上的醜陋，而藝術家的不滿則是茶杯所代表的生活的平庸與無奈。所以自始藝術家就是以哲學家的態度而敵視人世，設計家不過是改善生活而已，其創造的思維是完全不同的。

設計師的腦筋立刻探討生活的細節，會發現茶杯的形狀與喝茶的習慣與禮儀有關。日本人的茶道，要雙手捧著喝，所以用茶碗而不用茶杯，近世東方人飲茶用單手握杯，所以不用西式的把手。因此茶杯之美就與手感結了不解之緣。一個設計良好的杯子先要滿足手感，再滿足眼睛，也就是結合了觸覺與視覺的美。

藝術家就不同了，他可能把一只杯子泥坏亂刀切成幾片，再把它隨便黏合起來，也可以把它捏成奇形怪狀，以洩胸中悶氣。他可以把它做成任何發哲人之想，只是不能使用的形狀。他可以完全不顧及美感，沒人會責怪他。

理性創造就是設計

容我簡單的說明理性創造的過程。創造的開始是敏感的覺察問題。天生的創造者是吹毛求疵的問題發掘者，它與前衛藝術家的共同點都是不滿現狀，只是他不去搞破壞，而是尋找改革之道。他不是憤世嫉俗的獨行者，而是悲天憫人的入世者。自此以後，他們走上不同的道路。

有創造潛力的人，發現了問題，腦筋就活動起來，盤算著如何尋求解決之道。腦筋越靈活的人，點子越多，點子就是我們所說的解決問題的方法，點子王就是能解決問題，最有創造力的人。解決問題不可能只有一個辦法，要想出別人想不到的各種辦法，因此最後選定的辦法，就是創造的成果，因為這個點子是前所未見的。當然了，頭腦靈活的人在人生中處處順利，他們未必是設計師，只是利用創造力在繁雜的人世中，輕易的撥弄出一條最容易走的路而已。看在別人的眼裡，似乎是運氣，或是福氣，其實只是聰明，懂得四兩撥千斤的手段。

這一套點子技法用在設計師身上，就是要設計出更有益人生的實物。看上去與美感沒有必然關係的這個過程，怎會在設計的過程中出現，被設計家視為重要的因素呢？道理很簡單，設計師的構思與創造是入世的，他的作品必須為世人所接受，也就是先要接受社會大眾的檢驗。在現代生產體系下，設計的成品要送到市場，必須有良好的行銷效果才真成功。由於日用的器物與我們長相左右，市場上對器物的選擇，美感成為最重要的條件，因為我們看一件東西不順眼，即使再好用也不會購買，先過了美感這一關，再考慮它是否合用，如果沒有功能價值，也沒有人問津，這就是設計必須兼顧功能與美感的原因。

如何發展美的創造力

話說回來，教育部的創造力發展計畫，把創意與美混為一談有什麼問題呢？問題是很容易從創意連上藝術的領域，把藝術教育當成美育了。我們在前文中努力分析的，是想說明教育部推行創造力，應該與發展文化創意產業有關。創造力在各領域都是重要的動力，文化產業自然不能例外，然而文化與文化產業是不一樣的。藝術是文化，但只有為大眾所接受，願意掏腰包的藝術，才是文化產業。因此，文化產業中沒有考慮人類愛美的本能是不可能成功的。如果只想到創意，沒有想到產業，很容易走入歧途，繞回到藝術學院去。

我看到創造力的網站上，美育的部分在音樂、戲劇與視覺藝術上呈現了一些教案性的資料，好像與國中的「藝術與人文」課程中的內容有些近似，大多與美育無關。我覺得一個創造力的網站應該以理性的創造為主體，設法讓年輕人學習怎樣做理性的創造性思考，從而把美感如何在創造的過程中呈現，才是推廣創意的正道。把美育做為發展創造力的方向，根本是錯誤的，何況是誤把美育當成藝術教育。

有沒有為美而創造這回事呢？有的，但那不是藝術，是裝飾藝術。比如我住的地方，門廳裡最近掛了一個大吊燈（chandelier）是懸垂晶體的一組小燈構成的，照明的效果比不上一個大型燈泡，其價值就在裝飾上。這種吊燈完全為美觀而存在，其美感卻因設計能力的不同而大有差異。富有人家的裝飾，如地毯等均屬此類，我們男士的領帶亦然。所以為推廣美的創造力，應該從裝飾藝術著手，比較容易收到效果。等到大家逐漸掌握了最基本的造形能力，再向在功能上與技術上較困難的生活器物的創造發展，兼及於美的造形，才不會在創造的過程中失掉美感的元素。結合美與創新其實不是那麼遙不可及的事。

美不是階級的產物

最進步的國家與最落後的國家，其文化都有獨特的價值，都有存在的權利。西方人不能用文化來強制同化弱小民族。

美育本是很容易做的事，美育的觀念也很容易被大家所接受。為什麼竟無法推動，又不為教育當局所重視呢？主要的原因是教育學者把美育視為一種落伍的觀念。他們批評美育時常用的說詞，就是指它為階級的產物。在民主時代，或社會主義盛行的時代，階級是一個惡毒的字眼。凡是階級的價值觀都應該被丟棄。

階級是什麼？是大家嘴裡指責的統治階級，是資產階級，是知識階級。在討論藝術評價的時候，常用英文中elite這個字，國人把它翻譯為精英份子，或社會精英。這個字的意旨並不明確，有時是善意的，有時是惡意的。當其意旨偏向於知識份子的時候，似乎是善意的；偏向於資產階級的時候，似乎是惡意的。由於在過去，有錢的人才會讀書，所以使用這個字的人，十之八九是不懷好意的。我們把它翻譯為社會精英，其實是善意的，表示台灣的社會仍然「保守」。這個字應該譯成中性的字眼；我查字典，覺得「名流」似乎很合適。

「名流」標籤的來源

歐美的藝術教育在美育上是隨著社會變遷而改變的。他們認真執行美育的時期，是十九世紀中葉到二十世紀的三〇年代。大體上說，就是精英階級統治國家的時期。這幾十年間，他們通過公立學校的普及教育，有效的把審美的判斷力教給全民，奠定了西方社會的審美基礎。自三〇年代到二次大戰後的幾十年，平民主義與個人主義抬頭，美感教育轉向藝術表現的教育，美育仍然存在，卻失掉了主導地位。

六〇年代的中葉發生了越戰，美國年輕人反對這個不受歡迎的戰爭，產生了反抗社會既有秩序（establishment），挑戰社會傳統價值觀的浪潮，一時風起雲湧，在大學教授們的支持下幾乎成為主流思想。他們反政府、反軍隊、反工業，反家庭、反教育、反城市，寧願做流浪漢。這就是嬉皮文化的社會背景。他們的思想中結合了回歸自然的東方哲學，強烈反抗意識的紅衛兵觀念，及第三世界的與貧窮共處的社會主義。在這樣的風潮中談美育，簡直是癡人說夢。然而嬉皮生活中的精神面正是美感。享受自由的、開放的、反叛的、性愛的美，解除名流價值的束縛，是他們的基本立場。所以六〇年代之後，美感就進入無政府主義的虛無天地了。也就是這個時候，「美」的價值被視為是上流階級的象徵，成為被無情攻擊的對象。在他們看來，富有的階級都可能是腐敗的（corrupted）。

這群叛逆者到了七〇年代就都老實了。他們大多回學校念完學位，穿上西裝，乖乖的上班，甚至參與權力的追逐。然而六〇年代留下來的幾個觀念卻一直影響了藝術界，對於美感教育，造成無法恢復的挫傷，直到今天。因為他們反抗權力、反抗財富，要為弱勢者討回公道，因此強調各文化平等，對抗西方霸權。順著這個想法，文化是沒有高下之分的。最進步的國家與最落後的國家，其文化都有獨特的價值，都有存在的權利。西方人不能用文化來強制同化弱小民族。

各族文化平等的觀點當然是可以接受的。中國人在過去也有中原文化獨大、鄙視周邊民族文化為蠻夷的觀念。到今天為西人欺壓，才有些覺悟。然而完全拋棄進步的觀念卻是大有問題的。難道要否定人類幾千年歷史的文明？今天我們過著幸福的生活豈非靠先民在文明上的創獲？沒有西方的科學與技術，能有今天的世界？沒有自古以來先聖先賢，乃至各宗教領袖的教誨，培養了我們的道德意識，恐怕到今天仍然弱肉強食，早已把弱小民族徹底消滅了，何待大家討論各民族文化的種種理念？否定文明進步的價值，是討了便宜還賣乖。

另一個觀念就是階級論。不同的階級有不同的價值觀，因此名流階級、有閒階級、小資產階級與貧苦的大眾之價值觀不同，不能用上流社會的價值來衡量一般大眾。因為價值是沒有高下之分的。這個觀念即使在共產黨的階級鬥爭瓦解以後，還是存在的。

不同階級有不同的價值觀，反映在美感上最為明確。比如鄉下人喜歡大紅大綠的顏色，城裡人喜歡中性的顏色，甚至黑色與白色。鄉下人喜歡裝飾性的外觀，城裡人喜歡簡單、明瞭。鄉下人的環境紊亂、雜沓，城裡人的環境整齊、清潔。究竟怎樣才是美呢？並不能遽下

俄共時期新古典式樣的官式建築。

結論。在他們看來，這是與階級的生活方式相關的。為什麼紳士、淑女的衣著以整齊、清潔為美？因為他們有經濟能力請傭人洗、燙衣物。為什麼皮鞋以黑亮光潔為美？因為富庶階級有人專擦拭皮鞋。窮人的生活中，這些都是可望而不可求的，談美豈不是奢望？

在「造反有理」的氣氛下，反西方文化名流階級價值的風潮就根深柢固的普及到全球了。其聲勢之大，連西方的名流也不敢違抗，反而跟著潮流漂泊起來，不敢以名流自居了。建築界首先發難，提出「後現代」的觀念，正式推翻了延續二千五百年的正統美學。

跨階級的美感需要

在「後現代」的叛逆美學推波助瀾之下，美學被鬥臭了。藝術家絞盡腦汁，創造一些與非西方、非主流有關的形式，以聳人聽聞為成功。大家卻忘記了問一個根本的問題，那就是：以社會階級價值為名確實可以引人注意，甚至動機光明正大，但是階級真正與美感有關嗎？我們看到有些鼓吹弱勢文化價值的學者、教授們，卻過著名流的生活，並沒有住到貧民窟去。

仔細想想，確實是值得再思考的。鄉下人喜歡的大紅、大綠，城裡人真的不喜歡嗎？在台北故事館的紀念品店裡賣一種鄉下味道很濃的紅花布，有人看了認為很俗，如果把成見擺在一邊，就會發現那是很美的花布，甚至有人買回去製成飾品，放在以黑白為主調的客廳裡。可見並不是鄉下人的眼光有問題，而是我們的階級偏見有問題。在中國古代，皇家規定大紅大綠只有做官的人才可以穿，是上流階級的象徵，怎可說它鄉俗呢？但是老百姓不准用亮麗的顏色，只准用黑、白、灰色，所以老百姓才被稱為「黔首」。難道務農的鄉下老百姓才雅，讀書做官的人反而是俗？這種貴族亮麗，平民樸素的階級價值觀才是很自然的，即使沒有皇家強制執行的西方社會，對色彩與質感的評價也是如此。

鄉下人或貧賤的家庭真的喜歡雜亂無章嗎？這恐怕是以階級為工具的思想家所編出來的吧！我們可以說，勞動階級沒有閒暇與財力穿著整齊、光亮的衣物與皮鞋，卻不能說他們不喜歡。喜歡而得不到因此不去多想，與完全不喜歡是兩回事。這如同說，中共當年全國上下都穿藍布制服，並不表示那是他們的所愛，而是因為希望它成為階級平等的象徵，在經濟條件的考慮下所可以勉強或不得不接受的服裝。因此「改革開放」之後，西裝革履都出籠了。可見自陝北土窟出身的高幹們，並沒有不同於資產階級的審美標準。

要談階級，莫過於主張階級間不斷鬥爭的共產黨。可是共黨的工農兵美學價值定在哪裡？二十世紀初蘇俄共黨革命成功，歐洲藝術界大為興奮，認為統治階級的審美觀總算被推翻了，因此思想開明，要推動美學革命的藝術家都把蘇俄當成精神上的祖國，一時之間蘇俄成為前衛藝術的搖籃。哪裡知道過了十幾年，俄共政權穩固了，俄共的藝術思想家竟清算起前衛藝術來了，說他們的作品是小資產階級思想的產物。對不對呢？對的。小資產階級要革資產階級的命，想藉工農階級的力量，其實他們的那套東西，勞動階級是完全不能接受的，更不用說喜歡了。

勞動大眾喜歡什麼？信不信由你：他們喜歡資產階級所喜歡的東西。上流社會喜歡古典風格的建築，他們也喜歡；上流社會喜歡寫實與唯美的藝術，他們也喜歡。為什麼？因為古典建築與寫實主義藝術之美是發自人類愛美的天性。這些美的東西只是勞動人民不敢想像能得到的而已。所以俄共當權後，藝術回歸古典學院派，一點也不必驚訝。而且也不是有些人說的，代表無產階級專政的反民主作風。誠然專政是獨裁，但俄共禁絕了前衛的抽象藝術，完全是基於它不屬於勞動人民，是西方資本主義社會的產物。

我們不能說俄共與中共的教條式藝術路線是正確的，但是他們的作品大家看得懂，能體會其美感。十年前，我到俄國訪問，看到他們的建築與雕刻，深深感到他們所要追求的就是美感。他們把地下鐵的車站裝飾得如同皇宮中的大廳，就是要讓利用捷運的大眾享受到過去不可能接觸的宮廷之美。他們的邏輯不是否定資產階級所要擁有的美，而是要把那種美與無產階級大眾分享。有此感想，我開始佩服起史達林來了！他的專斷也可原諒了。

相形之下，否定美的西方思想家不免令人覺得有些酸葡萄心理。他們把藝術追求美感的滿足改變為認識社會文化，實在是說不過去的。

美與社會文化背景

新的觀念是，藝術是一種了解社會與文化的媒體，這也未可厚非。把藝術視為一種象徵，經過細心的研究，可以了解藝術所反映的社會與文化的價值，讓我們對該社會或文化有進一步的認識。可是學習藝術卻不應該以此為主要目的。我

｜莫斯科地鐵車站的巴洛克式大廳。｜

希臘愛琴海島嶼上拜占庭式的教堂。

們要認識某一社會，了解某一文化有很多辦法，可以經由社會學與人類學得到足夠的知識，藝術教育的任務仍然要回到人文的素養上才順理成章。今天的年輕人應該知道美並不是單獨存在的，它有社會與文化的背景，了解了這些背景，對於美可以有更明晰的體認，但不能說藝術只是傳達信息的媒體，與美沒有關係，甚至不承認美感的存在。

為什麼西洋文化中，到了文藝復興後期，衣著就以黑色、白色為主呢？這是與西歐的資產階級與新教的興起有關的。平民經由財富的累積而成為社會的精英，就把平民素樸的價值觀提升為主流價值了。我們不應認為這一切與美無關，應該在此社會背景上體認新的美感的存在。古希臘與羅馬在衣著上就尚白色，而建築則以純白色的大理石最為高貴。這說明在傾向於理性的文化中，美感來自形式與秩序，在傾向於感性的文化中，如中世紀的基督教文化，美感來自色彩與情感。藝術在不同的時代確實表達了不同的文化信息，但是不論在哪個時代都沒有忽略美的存在。

愛美是人類的天性。在物質生活得到滿足之後，甚至在追求物質生活滿足的同時，人類會抓住任何機會尋求美的安慰。它雖比不上宗教的力量，卻是可以與宗教互補的，這就是為什麼美的東西都是藉宗教表達出來的。我個人生長於患難之中，從一個鄉下人，因避共亂隨父母逃到城裡，漸漸適應城市生活，終於通過教育而成為有教養的城裡人。因此我經歷過各個不同的社會階層，知道窮人苦中作樂的心態。不同的階級並沒有不同的美感價值，只是對美的追求不能不依附在生存條件上而已。因此弱勢的階層特別需要培養審美的能力。

外在美與內在美

一只具有美感的茶杯，先要符合客觀美感的條件。然後才能使我們發生興趣，了解其更深刻的內容。比如盛水、端水、飲水的方式，使日本的茶杯與我們的茶杯大異其趣。

有一位朋友笑我，說我談美，談的都是外在美，為什麼不談些內在美呢？我一時為之語塞。誠然，在中國傳統價值中，內在美比外在美要重要得多了。外在美是動人的外貌，內在美是德操的修養，在人世間，後者確實比前者要受重視。

可是我隨即回答：是的，我談的是外在美，因為外在美才是美，內在美是善，不是美。我談美，是希望提升美的價值，使它成為人類價值中內在的本質。只有使美與善一樣，成為普遍追求的價值，美才能內化，並代替宗教，改變人類的氣質，進而導正人類的行為。其實美內化之後，即使不能影響行為，只要淨化心靈，得到內心通體的愉快，已經可以滿足了。

內在與外在的交集

當然了，內在美也可以做更廣闊的解釋，不一定依中國人的習慣解釋為善。外在美也可以做更深刻之解釋，不一定照我們的習慣解釋為漂亮。外國的美學家有時候把外形稱之為「有意義的形」（Significent Form），這話怎麼說呢？有意義就是中國人說的有深度，在外形上你看到了一些抽象的東西，感受很深刻，仔細想，就覺得有些道理。這是透過外形看到了內在的東西，然而這內在的意義因外形而彰顯，外在的造形因內涵而令人感動，就是內、外的充分融合了。

有意義的形，在觀念上是形式與內涵一體呈現的。當我們看到一群美女時，會發現她們的面貌都是姣好，但卻無二人相同。每一個美麗的面孔都有一個獨特的個性，反映了不同的氣質。那就是因為外貌同時反映了內涵。這是正常的情形，可是我們也不能否認在外貌上反映的內涵可能是虛偽的。古人對壞人的批評有一句話，「面帶忠厚，內藏奸詐」，這表示形式上所顯露的意義有時候與事實是有出入的，凡是內、外不一的人，我們都視之為壞人，虛偽的人。

話說回來了，怎樣才能在外貌上看出一個人的個性或人格呢？是自經驗統計得到的印象。比如說忠厚怎麼看出來的呢？首先是穩重。穩重外顯為端正，端正正是美的字眼。穩重是不輕佻，不擠眉弄眼，是笑不露齒，食不出聲。也就是使你的面容盡可能的保持常態，呈現靜態時之美感，其次是憨厚。「天庭飽滿，地格方圓」，皮下豐厚不見骨，近乎菩薩的造形。眼神平易，五官勻稱，懂得看相的人會說得更清楚。

中國的傳統中最善於綜合過往的經驗，形成面容的價值判斷。久而久之，就形成一種偏見。比如中國的戲劇中使用臉譜來表示劇中人的性格，就是把人格內涵用外貌來典型化了。這樣的傳統典型化的象徵，固然充分說明了「有意義的形」的意涵，但過度的簡化，與現實是大有出入的。尤其是在對殘障人士的歧視上。在臉譜的象徵中，歪鼻子斜眼就是壞人，不細究破相的原因。在這樣的傳統中，就暗示了美與善的交集，把醜陋與罪惡視為一體。其實這樣的面容象徵化的觀念，在歐洲文化中也流行著惡魔的造像就是很好的例子。

正因為各文化中都有偏見，才有偽善的面具，善於利用面具的人，在社會中無往不利，正說明把外表解釋為內涵的一大漏洞，在今天的多元價值社會中，硬把美與善連結在一起是很幼稚的，已經不再為智者所接受了。然而我們不能不承認，外貌的特色仍然會給我們某種特殊的感受；不同的美貌傳達了不同的意涵。這是因為外在美是比較單純的，是一目了然的；內在的素質，賦予美的形式的意義的東西是非常複雜的，是很不容易參透的，即使是博學的美學家也說不清楚。

內在美就是人文內涵

要參透美的內在素質，就不能不扯到我不願談的美之價值了，不是我不願談，實在是要避免偏見太困難了。我在上文中對「忠厚」面貌的說明，雖然言之成理，全是中國傳統的偏見。因此對於一種美的外觀的認識，幾乎脫離不了觀者的文化背景，所以有的美學家把美的內在素質稱之為種族領域（ethnic domain）。

種族與民族通，這個名詞包含的意思實際上就是廣義的文化。由於每一個種族，自古以來都是一個獨立的奮鬥而生存下來的族群，不論從生物的特徵上，或生命的體驗與適應方法上，都各有千秋。因此其生活方式與價值判斷當然是互異的，也就是這個原因，種族與種族之間常常水火不容。古代的種族各據一方，互不干擾，而一旦擴張或移動，就發生你死我活的鬥爭，種族之間只有在融合之後，才能和平相處，雖同一種族，因地域長期隔離也會產生民族間的隔閡，而難以相處。在過去是靠帝國的力量維繫民族間的和平，這種力量一旦消失，獨立戰爭必然再興。一直到今天，各族之間都無法和平共處，戰爭多由種族間的摩擦而起。帝國內部的不安就是很好的例子。台灣的大選最後訴之於族群而由大族群獲勝是另一個例子。

我花些口舌說明種族領域，目的是向讀者說明在外在形式美之外，透露出來的內在素質，是一種深不可測的，廣袤如海的文化背景，實在是參不透的，對於沒有美感素養的人，這些文化的素質就造成審美的障礙。文化偏見會蒙蔽他的眼睛，使他無法在異文化中發現美感。尤其是有民族優越感的人，偏見特別嚴重。所以素來以中原大國自居的中國人，與素來以世界中心自居的西歐人，都應該注意不要陷於偏見之中。可是對於一個有美感素養的人，對異文化只能因嶄新的經驗而加強美的感受，是不會受偏見所蔽的。

以西洋人接受中國文物為例，在明末西人東來時，看到的是一種怪異的文化，由於中國強盛、富裕，他們產生心理的矛盾，對於文物之美不能全心接受，但理智上不得不接受。所以介紹到西洋的中國藝術都是一些形式上的特點。他們看建築，只看到起翹的屋頂，所以在十八世紀，歐洲的皇宮蓋了不少帶有曲線屋頂的建築，他們看器物，只看到材料，如漆器與瓷器。他們對瓷器尤其神往，可是他們是使用我們的技術，參考我們的器形去當做他們的器物。他們並不真正喜歡中國瓷器。

自清末到今天的一百多年間，西洋人對中國文物的欣賞形成強烈的對比。西人的偏見漸少，對中國文化的認識漸增，到今天，西人欣賞中國古代文物之美的深度，已經超過了我們。因為他們的審美素養勝過我們，古文物的美感的發現還要靠他們帶領，不但如此，西方人對我們不甚習慣的南亞與東南亞的藝術，亦頗能欣賞，並大量收藏。我們要了解東南亞藝術也要靠西人引導。

對內涵易生偏見

我說這些，是指出美感只要沒有偏見，並沒有必要參透其內在的意蘊，只要對外在的美質有敏感的接受能力就可以了。西洋人原看不起中國建築，所以只覺得屋頂的起翹有趣，他們原看不起中國器物，所以只重視製作技術。一旦丟棄了偏見，他們看到了中國文化的美質，因此就喜歡真正的中國文物了。這時候，中國文物所透露的文化訊息，反而成為取之不竭的泉源。為什麼一件可貴的文物久看不厭，越看越有味道呢？是因為「有意義的形」所含的意義，通過與「形」的經常接觸慢慢投射出來的，美感是汲取這些「意義」的引子。

舉例說，如果我們懷有種族的偏見，看到一位異族的女孩子，只覺得不值一顧，甚至厭惡。我們對白人也許沒有偏見，對黑人或印度人卻是有偏見的。如果你對黑種女子沒有偏見，就會發現黑種女子的美貌同樣是動人的。一旦你感受到她的美，就會覺得這種異文化的美感中透出特有的吸引力，你並不熟悉，卻受到吸引，而希望多加瞭解，你對她越熟悉，越感受到異文化氣質的趣味，越認識異文化的價值，體會到她的內在美。

這種經驗不一定發生在異族之間，在同一民族的族群間，甚至在同一族群的不同階級或不同家庭間都會發生。因為沒有偏見，又是同一個文化背景，同族群的內在品質是很容易被發現的。在過去，選擇配偶都是符合「門當戶對」的條件。這表示不但要屬於同一族群，而且要同一階層。一般人通常以為家世、財富相當是其目的，價值觀相同可以保證夫婦和諧與幸福是更重要的原因。同樣的背景可以更容易互相欣賞，而且需經過長期的磨合，磨合不成就會離異。

我們面對同一文化背景之人或物，因為熟悉，很容易把

瓷杯：國人飲茶用之套杯，重圖畫的裝飾。

瓷杯：日本的現代茶杯，重釉質的美感。

外在的形式與內在的意義融合在一起而不自覺，產生美與善的混淆。其實人文的內涵，在同一文化中也是有很大區別的，內在的意義最終會落實到以個人為單位的獨特個性。

人文內涵的要素

圖一

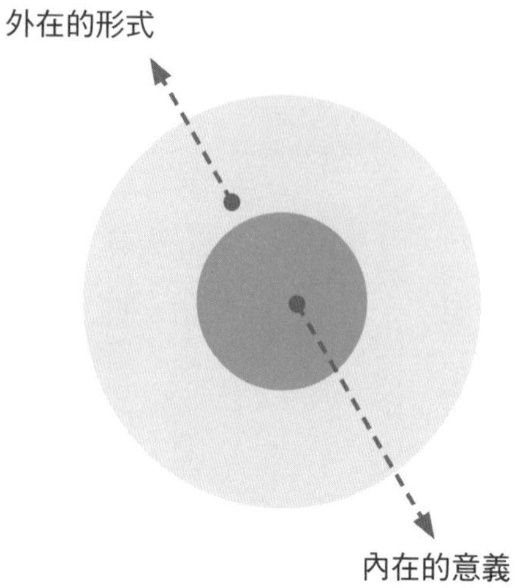

圖二

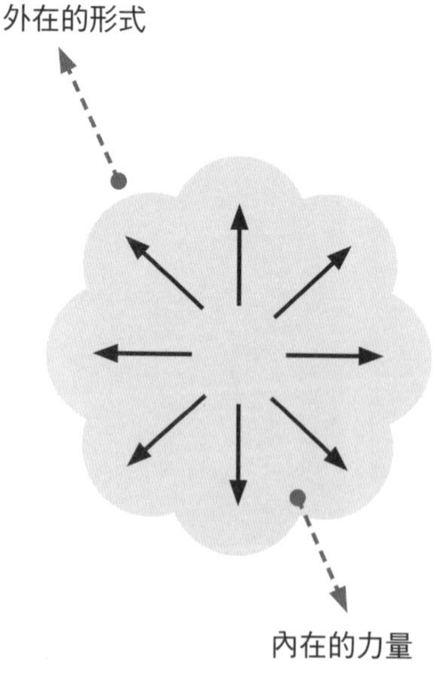

我看內在的意義，為了讀者的方便，把它的要素加以分析，圖解出來供各位參考。第一個簡圖表示形式與意義的關係：形式是我們看到的實體，意義是內在的力量。這只是一個內外的概念，並沒有說明內、外圈的關係。

第二個簡圖是把內、外合一的圖解，表示出意義與形式間的融合。外形是由內在的力量所形成的。

這是一般物象的形式與內容的關係，那麼美的位置在哪裡呢？

美是在形式、內容之外的東西，一種抽象的價值。一只茶杯的形式是因盛水、端水之便以完成飲水為目的而成形的。但並不表示必然為美。一只具有美感的茶杯，先要符合客觀美感的條件。然後才能使我們發生興趣，了解其更深刻的內容。比如盛水、端水、飲水的方

圖三

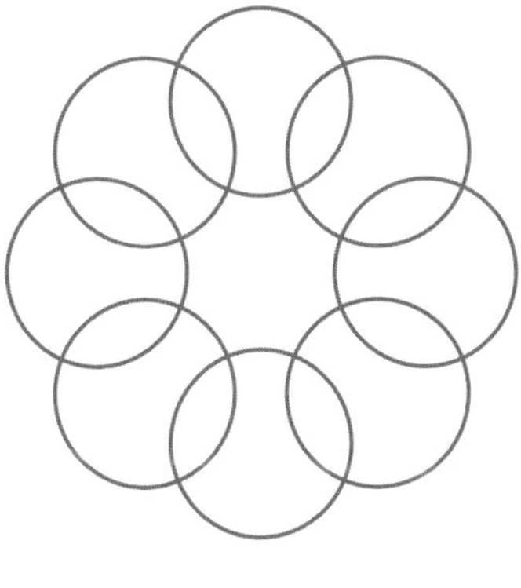

式，使日本的茶杯與我們的茶杯大異其趣（圖見頁四七）。

至於在「種族領域」中的文化背景，可以如圖三：看成很多環環相扣的元素。其中除了生物性的種族之外，有時代的與宗教的背景是比較廣面的。然後是所受的教育與所從事的職業，所屬的社會階級以及性別等因素，都是同一社會與族群中所可能分化出的次文化因素。最後是家庭與個人的層次。家庭背景與個性對於生命的內涵的凝聚是有很大影響的。這些因素又互相交疊，不易分別。我提到這一些是比較具體的說明美的文化內涵是如何複雜，這就是美的內涵，也就是內在美，很難有一客觀標準的原因。

然而這些力量展現在人體上，在人的造物上，在人的審美能力上，必須附著在形式上，雖然與形式美是不相干的。但是通過形式，可以認識內在的意義，發現形式的文化價值，這些價值可以增強我們對此物件的喜愛，甚至使一件東西或一個人原本不覺其美的，卻因深刻的認識而接受，這就是大多數女孩子都能嫁出去的原因，也就是一只日本的茶杯既不平整又沒有把手，也能為我們欣賞的原因。

科學與美感之間

為什麼我們那麼渴望美呢？因為世上的萬千事物是雜亂無章的，我們為這樣的大千世界所困惑而不安，心靈無法順暢。

我們習慣上總認為科學與美是處於對立的位置，這一點幾乎是沒有疑問的。科學是理性的產物，美感則是感性的產物。在人類的意識中，理性不是與感性相對立的嗎？既然如此，為什麼那麼多人要把科學與美感扯在一起呢？

這是由正反兩面的因素造成的。

正面的因素是很多科學家使用美的字樣來描述他們工作的成果。科學對一般人來說是很深奧的，尤其是理論科學。愛因斯坦發現了相對論近百年了，在科學界已經視為常理，一般人仍然全無所知。可是美感就不同了。人類對美的反應非常直接，科學家並不需要特別努力，就可以掌握到美感的愉悅。歐洲文藝復興以來，自天文學家、數學家，到物理、化學等科學家，都有自研究與發現中體會到美感的經驗，既然是這樣普遍的經驗，就有科學美學家去探討其祕辛。可是對一般人來說，科學中的美仍然是很神祕的，完全在他們的經驗之外。

反面的因素是人文學者有感於科技掛帥的今天，美感經驗被大眾所忽略，因而大聲疾呼，希望回到從前的時代，這樣的呼籲也有一個多世紀了，自從西方社會的結構被工業化所侵蝕之後，就有學者如羅斯基之流感到人文價值的衰落，這種呼聲一個多世紀來不絕於耳。上世紀中葉，布羅諾斯基寫了一本文明史，我把它譯為《文明的躍升》(*Ascent of Man*)，一時頗受知識界注意，其用意就是把科學的人文背景呈現出來，其中無處不與美感有關。

台灣的情形更為嚴重。比較落後的國家在教育上常常以智育為主，忽略了道德與美感。近年來社會問題嚴重，學者都歸因於教育的偏廢。科學家李遠哲等都呼籲加強人文教育，只是台灣的學者較少談美而已。

真善美一元論

科學與美感的關係，最早可推到古希臘的一元論。柏拉圖認為，一物只要合乎功能，就盡善、盡美。這是一種真、善、美一體論。人類的價值觀原被分為三類，因此我們評價一件東西，或一種行為，可分真善美三個面向。真的價值發展出科學與技術，善的價值發展為道德或倫理，美的價值發展為藝術與美感。三者原本是獨立評價的，可是在古希臘，卻有三位一體的觀念。

這個觀念是以真為中心的。那是說，一件事物如果是真實的，那就同時合乎美、善的原則。如果不真，就必然是不善、不美了。在這種觀點下，善與美都是真的附庸。這好像是很難令人佩服的，但常常可以說得通。

最好的例子是對行為的評價。在文明社會中，對行為雖有真、善、美之分，但基本上是以真為基礎的。真就是誠、信。在人與人之關係上，誠、信是根本的德行，沒有誠信，就表示虛偽或欺騙。既然是欺騙還有什麼善可言？所以做人不真就絕對不善了。欺騙永遠予人以厭惡的感覺，巧言令色，如何使人產生美感？沒有真誠的讚美，浮誇不實，令人避之唯恐不及，怎談得上美？

在實用藝術上可以找到類似的觀念，那就是機能主義的理論。這種理論來自美國，有所謂「形式隨從功能」（Form follows Function）之說。「功能」可以解釋為真與善，比如人體，各種官能都很健康、完善就是真。由於健康而導致身心的愉快就是善，既健康又愉快的人，表達在外表的形式上就是美。所以在運動場上展現的人體是美感。一個人四肢不全，五官不齊，可能因其不幸而得到憐憫，但不能不承認，因此而失掉了完整的美感。

這樣的理論用在實用藝術上，就是「堅固合用等於美」。信奉一元論的人不必考慮美的問題，只要堅固、合用就可以了。可是這是不是一個普遍被人信服的理論呢？

我們知道中看不中用的東西是常見的。這與失掉真誠的行為相近，再美也不能予人愉快的感覺。同時我們又不能不承認確有很多堅固、合用卻不美的東西。所以我們知道一元論的美，與一般人所了解的美略有不同之處。要弄清楚其間的分別，必須回到李澤厚先生的美感的兩個層次。即悅耳悅目之美與悅心悅意之美。真善美一元論的美，是從悅心悅意開始的。

也就是說，先要順心適意。即今天的年輕人所說的「爽」字。身心爽快了，會影響耳、目的判斷。為什麼情人眼裡出西施呢？因為你的情人的一言一行，舉手投足，都使你從心裡喜愛。思念之甚，一日不見如隔三秋，這時候，你眼中的她或他，點點滴滴都美不可言。

真就是美，在藝術上表現得最透徹的是中古哥德式教堂。高十幾層的大殿用石拱砌起來，穩穩的站住，是工程天才的產物，而這樣的結構正符合宗教精神的呈現，宗教儀式的需要。建

哥德式教堂：法國夏特教堂側面的飛扶壁，堅固的美感。

成後，發現它是最美的建築，自真而善而美的單純邏輯，沒有再完美的例子了。同樣的情形是現代建築大師密斯．凡德羅（Mies van der Rohe）的作品與理論。他用鋼骨玻璃的結構的真來達到美的需求，在思想上是承襲中世紀精神的。

科學與感官美

但大多數人的心目中，真與美並不是一回事。尤其是文藝復興以後，人文主義的思想興起，美成為人文素養中的主要內涵，真與美就更分道揚鑣了。這並不是說真與美是對立的，而是把美的價值提高，到達可以與真分庭抗禮的程度。以建築來說，到了文藝復興時代，建築家不再認為結構與功能的合理性就是美。他們一方面回到古典時代去找建築靈感，同時把建築的結構與建築的外觀分開，使兩種邏輯獨立存在。

在真與美分開的人文主義觀念中，並不表示科學不能談美。相反的，當時的藝術家自古典思想中找到數學與美的關係，發現樂音與視覺美的和諧與比例的原則時，就相信數學與美都是上天所賜的真理。形式美是可以演算的。藝術家在建築的正面上，或繪畫的構圖上，或人體與面孔的描繪上，都顯現比例與幾何的重要性。也就是認識了美與秩序間的關係。一直到現代建築時代，大建築家柯比意（Le Corbusier）先生還使用黃金比以及人體美（見《漢寶德談美》，頁一二七），推演出一套合乎美感的比例系統，稱為黃金尺。

另一個形式美的來源是直接訴諸自然。由於科學是研究自然，自其中發現真理的學問，我們直接觀察自然物或自然現象，就符合科學精神。可是在生活經驗中，我們觀察自然物大多是為欣賞其美感。只是有些人好奇，去追問美的來源，才驚奇的發現到處都有秩序存在。

我們欣賞花朵的美，發現它們大多是簡單的幾何形，而且是從圓形發展出來的。生命多奇妙！它們從一個中心呈輻射狀長出各式各樣的花瓣。梅花的花形可能是最典型的。一切花朵都是自此變化而來。然後是對稱形，我們所喜歡的蘭花是自對稱的秩序中發展出來的。甚至樹葉長在樹枝上，都依一定的幾何次序排列著，才使我們不知不覺中感受到它的美。

西方人到了文藝復興時期，開始觀察天文現象，終於由一位哥白尼先生發現了太陽為中心，行星圍繞它旋轉的體系。在此之後，伽俐略證明了地球不是宇宙的中心，被教會視為異端而審訊。科學家發現我們視為神聖的大地，不過是一個小球，在無垠的天體中，圍著太陽旋轉。然而這是多麼美妙的一個創造！原來我們所體驗的大自然的美，其千變萬化是在地球環繞太陽的軌道上產生的。我們在夜晚抬頭看天上閃爍著的繁星，哪裡知道在我們的眼睛所不能覺察的宇宙中，有無形的力量在維持著幾何的秩序，上帝也很愛美吧！

紊亂中的統一就是美

秩序是產生美的泉源，在兩個層次上都是正確的。我們欣賞花朵，是因為花朵本身是秩序原則的產物，這是在悅耳悅目的層次上的驗證。天文學家把天體建構成一個許多大大小小的球體圍繞太陽旋轉的體系，是在悅心悅意的層次上的驗證。

這個觀念是西方學者一直想把科學與美拉在一起的根本原因。在十八世紀，有一位學者哈其遜(F. Hutscheson)已經看出了這一點，即在心中建構的物象，同樣可產生美感。一位科學家在紊亂的外在現象中，尋找大自然的規律，終於找到一個原理，

密斯的作品：芝加哥理工學院校舍。

｜ 科博館中放大的變形蟲模型。｜

建構一個公式，可以解釋眾多現象，在他的胸中必然有美的火花，才能看到原理的源頭。而這個原理一旦被證明無誤，則更可使人體會到美的喜悅。所以有些學者甚至認為沒有高度美感的人是不可能成為科學家的。

在混亂中找到秩序，自紊亂中找到統一，就會激發我們的美感。這也就是和諧在美感中居於核心位置的原因。眼見與耳聞的和諧是藝術美感的由來，心意中的和諧是情思美感的由來，理念中的和諧是科學美感的由來。

為什麼我們那麼渴望美呢？因為世上的萬千事物是雜亂無章的，我們為這樣的大千世界所困惑而不安，心靈無法順暢。因此當我們看到一種力量，可以提綱挈領，使我們眼前出現井然的秩序，我們立刻得到心靈的平安。對於很多心智軟弱的人，相信超現實的力量也是一種安定心靈的方法，但文明的世界只尋求和諧之美，這就是蔡元培主張的美育代替宗教的原因。

西方的自然史博物館就是十八世紀以來愛好自然的博物學家所建立起來的。其中最偉大的人物就是達爾文與華萊士，他們於閒暇時跑到鄉野裡觀察、收集自然界的小生物，欣賞牠們的美。甲蟲與蝴蝶的美實在不亞於藝術品，到今天仍有很多愛自然物的人，以收集為樂。可是他們收集得越多，越感到自然物種之繁多，無法量計！為什麼有那麼多類昆蟲呢？若說是上帝所造，實在說不過去。

博物學家蒐集的標本就是博物館的收藏，可是達爾文與華萊士卻思索如何在多樣中尋求秩序。他們兩人都發現了「物競天擇，適者生存」的原理。原來生物的種類是為了適應不同的生存環境而逐漸分歧的。有了演化論，「物種源流」就明白了。我們不再為這個美麗的大自然之千變萬化而感到煩惱。大自然現象是最美的詩歌！

二十年前在自然科學博物館開幕時，我對工作同仁說，科學博物館同樣是美的殿堂。觀眾來到這裡，在求知之外，同樣在滿足美感的需求。因此我們要把美感教育當成科學博物館的責任之一。因為大自然是最有創造力的藝術家，它的秩序就是美。

美是科學

一般說來，談美有兩大系統，一是德國系統，是把美當哲學談的。藝術史家與美學家多來自德國，因為他們長於哲學思考。另一是英國系統，把美當科學談。

今天談美所遭遇到的最大困難，在於大家對美的客觀性沒有共識。有人會說，美感是感覺，不是科學，怎能有普遍的客觀性呢？

其實今天的思想家並不承認科學有絕對的客觀性。科學的理論是科學家經過長期的觀察或實驗而想出來的。既然是想出來的，就可能有文化的內涵，不一定是絕對的真理。何況觀察與實驗都不一定完備、齊全。今天大家都已經同意，科學的理論或發現只是暫時解決了問題的答案，並不是真理。比如牛頓的力學定律雖然至今仍在工程學上使用，但自科學家的立場看來，它們早已為相對論取代了。

換句話說，即使是科學，也沒有絕對真理這回事，何況是感覺！可是相對的說，與文化比起來，科學是具有普遍性的，在現代主義科學掛帥的時代，一切思想都向科學看齊，談美的思想家也會放棄哲學的思考，希望把美感植基於科學之上。

美的科學

舉例說，二十世紀最重要的藝術教育學者赫伯・雷德（Herbert Read），就視美為科學。他的文章中很少談美學。一般說來，談美有兩大系統，一是德國系統，是把美當哲學談的。藝術史家與美學家多來自德國，因為他們長於哲學思考。另一是英國系統，把美當科學談。英國人務實，尚經驗而不重理性思考，在藝術史與審美上都沒有理論，只重實際。雷德是英國人，雖自德國吸收了很多知識，仍然把對美的認識落實在科學基礎上。

把美當哲學談，要到心裡去找，不但抽象，且不易達成共識。當科學談，要到物質世界裡找，如果找到，容易建立共識。問題是，美這樣一個涉及於心靈的價值，可以從物質世界中找到嗎？

以現代主義的觀點看來是沒有問題的，這要從生命科學中去找。大自然中形形色色，無不與生命相關。如果我們不把生命看得過於神秘，就發現它是有規律可循的。大自然設計的生命現象，看上去千變萬化，其內在的精神是生生不息，是有生命的節奏。自此看來，凡是合乎生命節奏的，都會產生美感，這是美感與生俱來的本意所在。

當然了，美是人類的感覺。生命的韻律所產生的美感必須與人類的感覺相應合。所以美感之產生，是外在世界的現象應合了人類生命內在的節奏。要了解美的本質必須自人類的生命中尋找，不是抽象的生命或哲學家所說的生命，而是生物學家所說的生命。

在那個時候，有一門學問稱為生理心理學（Physiological Psychology）很受藝術思想家重視。生理是生命的運作原理，心理是心靈的運作原理，學者們發現，生理的運作與心理的運作有連動的關係。這個道理其實中國文人早就明白的了。我曾在「恬適生活之美」文中提過（見《漢寶德談美》），林語堂先生把生理的舒暢與心理的愉悅之間的連動描述得十分透徹。一個身上有病痛的人，享受風花雪月之美幾乎是不可能的。挨餓受凍的人很難談精神生活，所以儒家視顏回在極困苦的生活中仍「不改其樂」，是讀書人最高的典範。自生理、心理連動的觀點來看，這是不太可能的。

一個健康的生命，是內在節奏極為調和的生命。今天的人體科學告訴我們，人體的各部分器官的運作不但非常繁雜，而且互相配合得天衣無縫，巧妙得無法用言語形容。難怪科學家們最後只有歸之於萬能的上帝。這個完美的系統一旦出現病變，就發生不協調的現象，不調、不順，不但生命面臨危機，心靈也同時受到傷害。這就是排便困難也會使人失掉快樂感的原因。

我曾是心律不整的患者。我的經驗是當心臟跳動失去正常的韻律，如果持續幾秒鐘以上，心緒就大亂，我完全沒法做有系統的思考，一旦恢復正常，就不感到心臟的存在，心靈生活也跟著恢復。因此我體驗到所謂和諧，這一美感中最主要的因素，實際是人體生命節奏的原則放射到外物的自然反應。我們也可以說，和諧是生命健全的現象，混亂是生命危殆的現象。我們愛美，是因為美代表生生不息的力量！

生理影響心理，心理何嘗不牽動生理。當年的心理學家巴甫羅夫（Pavlov）曾以狗作實驗，先打牠一頓使牠生氣，再餵以食物，發現胃的消化功能頓失，人類何嘗不是如此。情緒影響生理運作，情緒不佳則食欲不振，睡眠不寧，身體健康衰退，嚴重者可招致死亡。所以古人主張養生，必以心靈平靜為第一要務，而追求心神平和的方法，走向自然為不二法門。因為與世無爭，以大自然之美為食糧，是心神最佳的營養。所以董仲舒說：「仁人之所以多壽者，外無貪而內清淨，心平和而不失中正，取天地之美而養其身。」古人飲食，喜歡面對美景，並說秀色可餐，就是利用美提高情緒，進而促進生理上的功能，達到養生的目的。

數學之美

在現代主義思想流行的時代，對於美的科學性比起前文中討論的生命節奏還要根本些。因為美的根本在節奏的和諧，而形式的和諧在秩序，大自然的內在秩序是幾何學與數學的等式。自然萬物，不論是有生命或無生命的，其成長的邏輯都是簡單的數學秩序，這話聽上去難以置信，但只要略懂一些科學，即知是千真萬確的，這就是在自然物中到處充滿了美感的原因。我在籌劃自然科學博物館的時候，為了彰顯大自然之美，特別在地下層安排了三個展示主題，一談幾何，稱「數與形」；一談色彩，稱「彩色世界」；一談聲音，稱「大自然的聲音」。可惜科博館的面積太大了，觀眾逗留的時間不長，到地下層參觀的人數不多。這是一個值得獨立設館的題目。

事實上，我們的五官所接觸的就是形狀、色彩與聲音，這三種要素就是傳達美感的媒介。而接受這些現象的是視覺與聽覺。視覺的功能大，是我們在生存環境中定位的主要感官，眼睛是攝取美感的主要器官，可是比較起來，聽覺在求生存的功能上雖遜於視覺，但在精準度上卻

｜ 科博館的展示：生物造形之美。 ｜

高得多。在美感的攝取上，耳朵最能判別和諧與否，也最不能忍受雜音。所以音樂中不能有絲毫瑕疵，而長期強迫接受噪音會導致心理病。

耳朵喜歡聽和諧的聲音，而聲音的和諧就是簡單數字的關係，所以聽覺的美，是美感的基礎。眼睛所尋求的也是數學的秩序。這恰恰就是大自然運作的秩序。

形式（Form）是藝術的根本，是數學秩序的呈現，自然界最有趣的形，花朵之形，雪花之形，晶體之形，都是幾何秩序所建立起來的。雪花是最有趣的自然造物。北方的冬天初次下雪時，雪花點點飄落，如果你用手去承接，會看到片片美麗的雪花在手掌上融化，它們都是六角形的圖案，沒有兩片相同，但都同樣的美麗，同樣的瞬間消失。從寒冷的水氣，結晶飄落到地上，大自然的律則使它們在短短的時間內成形，因不同的境遇，產生變化多端的圖案，令人生美不勝收之感。

生物學家認為最神奇的是蜜蜂築巢。蜜蜂是天生的建築家，牠們利用最少的材料，最簡便的方法，建造最堅固的蜂窩。同時他們也發現生命成長的順序常常符合費邦尼基數，也就是一比二，二比三，三比五，五比八，八比十三，十三比二十一……這個序數連續下去，就是古希臘時代的黃金比。自然界令人稱賞的造形，如螺紋，就是這樣生成的。向日葵的種子的排序是照這個原則成長，樹葉順著嫩枝生長，其空間次序也是如此。

在二十世紀中葉，藝術家與藝術評論家都很重視自然形式的美，並想辦法找出美感的原理，當時麻省理工學院建築系有一位教授，以自然美著書立說，頗受學生們歡迎，對審美觀造成很大的影響。在那個時代，不但設計相關專業以配合幾何秩序，追求結構邏輯為美感創造的基本原則，即使是純藝術創作也受到影響。繪畫的構成派一時大為流行。

美感無法顛覆

後現代是顛覆的時代，也是否定美感的時代。這些顛覆時代的寵兒們第一件事就是破壞數學美感的價值，六〇年代開始，他們先攻擊幾何美感的簡單與明確，要求混亂與含混。到這一步尚無傷大雅，而且是有益無害的，可以糾正現代主義過分純淨的缺失。

我們觀察外在世界，可以自普通人的生活層面觀察，也可以自學者的角度作深層觀察，現代主義的美學屬於後者，有時不免把內在的秩序當成外顯的真實，事實上我們眼見的外在世界，特別是充滿生機的世界，常常是混亂的，不明確的。我們走到山林中，只見各種生物爭相奪取生存的機會，雜木叢生，表面上看起來是一團混亂，我們走到中正紀念堂的公園，見花

| 圓頂結構的邏輯之美。 |

圃、草坪井然有序，心神為之舒暢。前者是自然的，後者是人為的，人為的秩序是自大自然中抽取出的幾何秩序，但不是自然的本然，如果我們過分重視簡單的秩序，就失去了生命的真實。這是一般市井生活與軍旅生活的分別。

到了後現代，藝術家發現了生命的價值應該超過觀念的價值。簡單的幾何秩序的美，不能代表生命的全部。換句話說，美感不代表人生。這是正確的。即使文明社會非常依靠美感價值，也不應置美感價值於生命價值之上。生命是複雜而不易參透的。

但是重視生命的複雜與多元性，是否就應該放棄美感呢？不然。生命的表面是混亂的，其內在卻有秩序支配一切，任何生命現象，經過仔細的觀察都會發現秩序的存在，所謂「亂中有序」。我們會欣賞大自然的景色，古人會一再為自然景觀所感動，就是因為複雜與混亂之中所呈現的生命的美感。

可是顛覆時代的寵兒不以此為滿足，他們甚至要破壞生命的邏輯以徹底瓦解美感的基礎。他們提出了解構的觀念，把一個整體解構重組並沒有價值顛覆的問題，而且可以提供新的視野，把存在的邏輯解構，問題就大了。

顛覆舊價值是尋求新價值的契機，比如打破舊道德規範，以建立新道德，並不是否定道德的價值。親子的關係可以改變，教育的方法可以改變，可以有不同的倫理觀念，可是父慈子孝的原則不會改變。如果放棄了這個基本原則，就回到野蠻社會了，美感價值也是一樣。亂，不但代表複雜與混亂，也代表豐富與多元。我們可以用不同的角度去觀察世界；由於科技的進步，我們可以用全新的觀念去建構自己的生存環境，但是不應該丟掉與我們生命的節奏相應合的美感，因為美感不是生命之外的添加物，它來自感覺（sensation），而感覺是與生俱來的，我們永遠無法擺脫，要擺脫只有使身心進入瘋狂的狀態。

美可以代替宗教嗎？

使用美育為手段來達到心靈和諧的目的，本質上就有宗教的意味。所以古樂大多「用於宗廟社稷，事乎山川鬼神。」

民國初年，蔡元培先生首倡以美育代替宗教之說，也許是中國學者提出的美育理論中最引人注目，最為後人一再引用的觀點。由於他曾經做過教育部長，也是高級政府官員中最早把美育的功能提高到社會文化層次的人。

事隔近一個世紀，我國的美育居然沒有進步。我們不免問：既然有一位教育最高行政長官這樣看重美育，鼓吹美育，為什麼對美育沒有做出使我們感戴的成績呢？對於這個問題最直接的解釋就是政府的效率，看看今天的政府，經過近一個世紀的現代化，政府首長推行教育政策仍然有氣無力，可知官員的無力感是自古以來就存在的。何況部長的任期通常過短。

然而在我看來，蔡元培先生沒有在美育上有具體貢獻，實與他的觀念息息相關。

美、善不分的觀念

關鍵正是因為他希望用美育來代替宗教。他很清楚的了解，美育與國民素質有關，他對歐洲當時的美育狀況也略有所知，對德國的美學理論又有深刻的了解。然而他是中國的知識分子，對現代化所知不深，卻更重視心性之學，因此把美育與傳統的心性修為連在一起了。這是清末王國維介紹西方美學觀念時就持有的觀點。

蔡先生曾對美育的功能說過這樣的話：

> 純粹之美育，所以陶冶吾人之感情，使有高尚純潔之習慣，而使人我之見，利己損人之思念，以漸消阻者也。

這是與西方對美的看法完全不相同的，他認為美是用來陶冶情操的，美的功能在他看來，可以使原本自私自利的人變成善良的人。因此美有一種使人向善的力量，美與善就難分了。

西方人是把真、善、美分開看的，自來他們把美的功能定為愉悅，也就是欣喜、快樂。美可以使我們的心靈飛升，是難以用語言來形容的。這種感覺與善截然不同。

用美來達到善的境界是中國人特有的觀點。中國古人自音樂中攝取美感，所以主張樂教，以禮樂並稱。樂教的目的是達到和的境界，和是善的基礎，也是政治的手段。《禮記・樂記》有下面這些話：

「禮節民心，樂和民聲，政以行之，刑以防之。」

「樂者，通倫理者也。」

「樂由中出，故靜；禮自外作，故文。樂至則無怨，禮至則不爭。揖讓而治天下者，禮樂之謂也。」

「樂者，天地之和也；禮者，天地之序也。」

雖然古人也知道「欣喜歡愛，樂之官也」，但他們重視的是社會的安定與秩序。在古人的心目中，樂教，也就是今天所說的美育，不能放縱為鄭聲，使人完全為欣喜歡愛而愛美。

使用美育為手段來達到心靈和諧的目的，本質上就有宗教的意味。所以古樂大多「用於宗廟社稷，事乎山川鬼神。」蔡元培先生通過對康德美學的認識，以美具有普遍性、超越性的立論，回到中國的傳統，是很自然的。

宗教的價值在生命

然而這是行不通的。

它超乎人類愛美的天性。儒學的樂教理論是把樂當成工具，所以雅樂很快就失傳，為令人欣喜歡愛的民間音樂所取代。在封建社會之中，一切依禮行事，樂配合著禮，營造和諧的氣氛，建立社會秩序是有用的。到了後代，社會逐漸人性化，樂就變成一種藝術，發揮欣喜歡樂的功能。到了二十世紀，怎麼可以指望美育來養成高尚純潔的習慣呢？

蔡元培用這個觀點，要把美育取代宗教，不但把美育當成工具，也把宗教視為工具了。他隱約的認為宗教的存在是為規範人類行為，使他們一心向善。看到世上的宗教之間互有衝突，而美育都附麗宗教而存在，在衝突中，美感豈不成為幫兇？既然宗教本身未必盡到使人類向善的功能，為何不把「美」從宗教中獨立出來，如同中國文人欣賞字畫、陶瓷一樣，發揮其陶冶人性的作用呢？這種工具論並不正確。

美與宗教有一點是相通的，那就是兩者都與心靈有關，都可彌補心靈的空虛。在物質世界中，人生有各種煩惱，為求生存，為伸張與滿足欲望，不論哪種人都會不斷的面臨困境，感到生命的無常。人人都需要精神的出路，以解除生命的壓力。宗教信仰就是這樣為大家所急切需要的化解力量。

對於進入美的天地，擁有美感素養的人，美同樣有一種心靈的力量，可以使你進入忘我的境界。我們在一個音樂表演中，或畫廊的展覽中，都可享受到這種短暫的忘我的出神的經驗。所以愛美的人總希望把這種忘我的經驗擴大、延長到真實的世界中。

如果我們說以美育代替宗教，只能說用美感的體會取代在神前祈禱的忘我作用。可是單憑這一點，美是無法取代宗教的。我們都知道，宗教的信仰可以讓我們寄託生命，把一切人生的苦難與煩惱交給超自然的力量，我們因而可以過輕鬆、快樂的日子。這就是自有人類以來就有超自然信仰的緣故。由於心靈的需要，發展成熟的宗教一定人文化，使之應合人世所需要的慰藉。所以善與美成為每一宗教中都具有的核心價值。

宗教的先決條件是信仰，美感的先決條件是審美能力。依靠宗教的人可以免除恐懼，追求

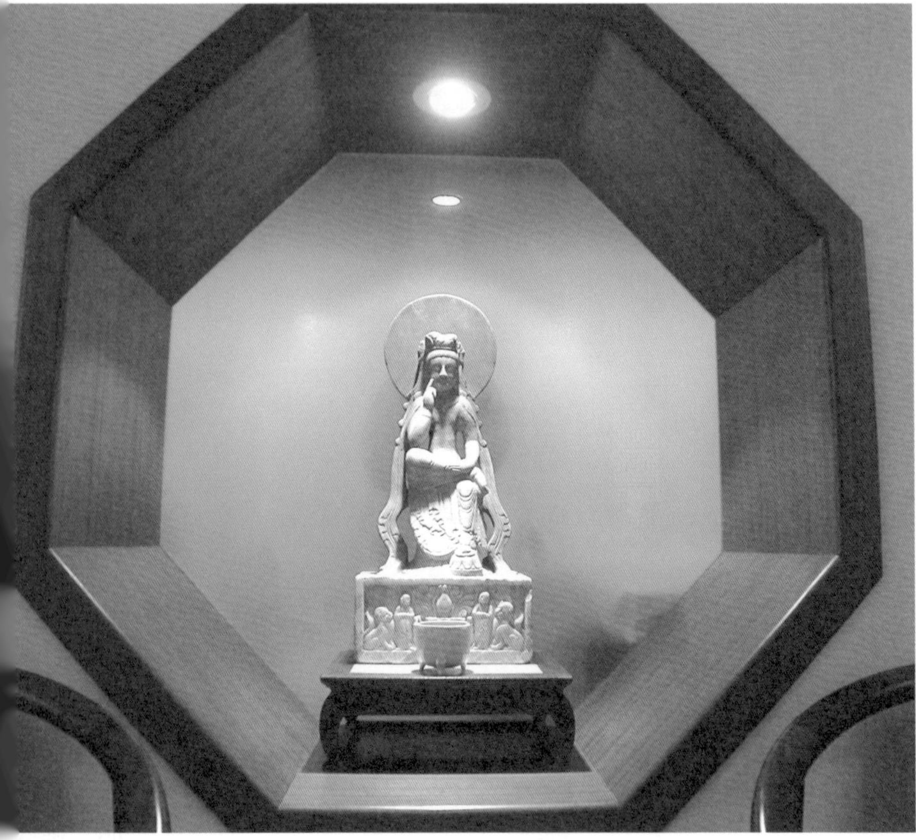

｜ 佛相之美。｜

美感的人無法免除恐懼。他的生命問題要另求解決之道。這就是為什麼美感無法取代宗教的原因。無神論者是靠堅強的理性來做為生命的支柱，美只是一個輔助的力量。如同在各個宗教信仰中，美發揮輔助的力量一樣。

偶像崇拜的宗教，如天主教與佛教，都用神佛造像之美感動人心，以鞏固信仰，普及愛的理念，因此都鼓勵了藝術的發展。但這與純粹美的心靈作用是不同的。

美育是生活之需要

讓我們回頭看看觀念如何影響美育的方法。蔡元培先生的一段話可以看出端倪：

> 科學的教育，在中國可算有萌芽了。美術的教育，除了中、小學中的機械的圖畫、音樂以外，簡直可說沒有。

從這幾句話中可以看出，蔡先生對於當年的美育方法是很不滿意的。

今天我們看來，當時實施的美育是自歐美學來的，是西化的。機械的圖畫與音樂正是西方社會成功的推行美育的方法，為什麼蔡元培不滿意呢？因為西洋的方法是以提升國民美感能力為目標，蔡先生要的則是提升國民道德，養成高尚情操。這兩個目標雖不能說風馬牛不相及，至少是沒有交會點的。

自蔡元培的論點中，我們大體可以看出我國美育失敗的原因了。教育制度自外國學來，心裡卻不贊同，怎麼期望有具體成效？在他心目中，傳統知識分子用書畫修養心性也許是正確的方法，他顯然無法了解西方的美育，是自工業產品的美感入手的，也就是以創造與欣賞美的物件為重要目的。

一位擔任過部長的學者這樣去看美育，當然不能希望建立有效的制度。西方在二十世紀初的國民美育也是經過一番奮鬥才有所成的，他們有政府與教育界的通力合作，以強制的手法推動，並且要自教師的訓練開始。在進步的工業社會尚要大費周折，何況是在落後的，基本是農業社會的中國？即使是一個相信國民美育的部長，使用歐美的方法，有計畫的大力推行十年、八年，可能也未必有滿意的成果，何況還拿不定主意呢？

我並不覺得完全西化是正確的。以機械製圖來說，這是歐洲工業化之後，對國民美育採用的辦法，用在農業的中國，不免隔靴搔癢。不但在生活中用不上，孩子們也無法理解，老師們也不知怎麼教。教育要切近生活才會生動、有效，只生吞活剝的套用外國式課本，怎能有成果呢？我可以想像，當時的中國中、小學的美育，一定是虛有其名，既沒有合格的老師，也沒有熱心於美育的校長，上課恐怕與鬼混無異。

美育要成功，須自老師開始，怎麼編製合乎國情、切近生活的課本就是一大學問，萬事開頭難，當時的美育要比今天困難千百倍！可是蔡先生並沒有討論實際推行上的困難，自然也想不到解決問題的辦法，只怪這些辦法算不上美育，不承認圖畫與音樂是美育，怎樣才算美育呢！

自細處做起

中國知識分子的毛病就是虛浮不實，只談空泛的觀念，把宗教與美育並列，一方面沒分清善與美的差異，把道德教育與美育混為一談，另方面又提不出什麼具體的辦法，最後只能空談了。

美的功能是不可以無限放大的。把美育看做感情的陶冶已經放得太大了，因為感情涉及生命的體會，在今天看來，屬於生命教育的範疇，不是美所能涵蓋的。又把感情的陶冶視為偉大人格的不二法門，未免把美看得太神聖了。要落實美育，就不能這樣誇張。反過來，要自生活細節上開始，才能發生功效。對於美有特殊才能的人，可以自生活中尋求美，進而在廣大的人生與自然界尋求美，甚至把生命的意義建立在美的價值上，這些人就是如同梵谷之類的藝術家，或中世紀建造大教堂的工藝家。對於一般大眾，你我一樣的平凡人，自美感中得到一些心情的歡快，生命就很豐富了。

因此美育代替宗教之說，雖提高了美育的地位，卻是不切實際的，它只能供提倡美育的人不時的拿出來當幌子搖著招人注目，卻幫不了美育的推動，它正是我國美育失敗的罪魁禍首。

輯二

美育出了什麼問題？

美育出了什麼問題？

首先要把美育當成人文素養。什麼是素養？素是平素，是經常的意思，養是培養，是耐心培育的意思，要有素養，不能蜻蜓點水式的教學；要長期的浸淫，成為生命中的一部分。

繼「談美」專欄的集子，《漢寶德談美》出版後，有些朋友好奇，不免問我一些實際的問題。其中問的最多的是台灣今天的美育到底怎麼了？誰該負這個責任？

第一個反應當然是批評政府了！政府當然要概括承受一切失敗，但在哪些環節上出了問題呢？是不是教育行政當局糊塗，沒有顧及到美育呢？其實不然。政府來台之後的教育目標中就以「德智體群美」等五育並重相號召。美敬陪末座，是後掛上去的，但總算正式被列為一個項目，不算忽視了。

在課程標準方面也是很周全的。直到九年國教實施之前，教育部公布的文件中都有相當明確的美育目標的規定，可見政府歷來的教育決策者，在學者的協助下，對於美育的執行是認真的。顯然，政策並沒有問題，是執行上出了問題。那麼執行上怎麼出的問題？

教師、學校、家長都要負責任，他們都沒有把孩子的美育視為重要的責任，卻把教育部的規定視為宣傳，隨便應付了事。今天談起這件事，不免互相推諉，可是真正的問題還是觀念與方法上的錯誤。

觀念的錯誤

我國美育的失敗出在國民教育的課堂上以教學生畫畫、唱歌為手段。這樣的教法在觀念上是認定了，通過藝術的實踐，就可以完成美育的目標。這樣想其實也不錯。一個孩子如果浸淫在藝術之中，哪有缺乏美感的道理？這是一種耳濡目染的教育法，未可厚非。可是這個觀念的誤差在於把普通的國民美育與專業的藝術教育方法混為一談了。

試想孩子們一星期上一次藝術課，如何能使他們自技巧中自然學到美感？孩子們的藝術天賦不同，家庭背景又不同。對於藝術課的反應與吸收截然不同，以他們的藝術成績來考評，不過是表現技術上，無非是畫得好不好，唱得好不好，對於美的體會是無法評量的。要如何知道他們的美感能力呢?老師們可能完全沒有想到。由於藝術在升學中不考,沒有人會介意其成績的好壞。藝術課就完全被視為遊戲的一種了。

這種錯誤的認知所造成的影響,直接形成師範教育中的教師作育模式,並因此經由教師,貫穿到藝教的每一角落。大家都知道,早幾年的台灣師範大學作育出不少有名的藝術家,今天有成就的藝術家多是師大校友。著名的畫家如溥心畬、黃君璧、李梅樹、林玉山都是師大美術系的教授。可知師大的美術系與專業藝術教育的美術系沒有兩樣。作育專業藝術家應該是當時國立藝專的任務,師大應該以作育一流的藝術教師為責任。老實說,師大沒有盡到它的責任,師大的教授從來沒有關心過藝術教育,也沒有任何藝術教育的理論。

大約二十年前,我曾忝為教育部的評鑑委員,到師大美術系評鑑,我們小組就曾向教育部指出師大疏忽了藝教的任務。當時的部長惹不起學校,評鑑不起任何作用,師大就成立研究所了。那個時候,美國的藝術教育界因為感到遊戲式的教育達不到美育的目的,才倡導所謂的「以學科為基礎的藝術教育」,孩子們上藝術課,玩玩就算了事,雖然有教育理論的支持,認為可以啟發學生的創造性衝動,在美感的培育上總有所缺。當作一門課,規規矩矩有板有眼的教,特別是加上審美與史、論的內容,藝術課就不會感到空洞了。可是這些都沒有引起國內藝

洛杉磯某中學的美育課，老師以照片說明古建築的美。

教界的注意。

美國的藝教界在學科上弄了十幾年，發現效果不彰，也就放棄了。學科化的毛病是藝術的歷史與評論太深了，在中、小學的課堂上教不好。可是這個辦法如果有理想的教師，還是很有價值的。幾年前我到美國考察，在一個中學裡旁聽一位有名的教師上課，覺得十分精采。學科化運用得法應該是有效的。他們放棄了學科化開始討論多元化的教學，經過我們的學者從美國學回來，其結果就是今天的「藝術與人文」課程。

美育的消失

學科本位教學失敗之後，美育在藝術教育

中的地位正式消失。教改後的藝術教育觀念不但失掉了美育的目標，也失掉了創造啟發的目標。藝術教育變成藝術常識的教育了。

以國中來說，過去有美術與音樂兩科。現在改為藝術與人文一科，不但要兼有美術與音樂的內容，而且要加上表演藝術，也就是戲劇與舞蹈，甚至還有媒體藝術。在各類藝術之外，要有人文。人文是什麼？就是文、史所概括的範圍。這樣的一門課能教些什麼？能學些什麼？不用想就知道了。它有學科本位教育的壞處，卻沒有它的好處，只是讓學生對藝術有些概念而已，內容膚淺，是談不上什麼人文素養的。

這就不如教改以前的藝術教育了。以藝術技巧的傳授為內容，如果認真教，學生學到一定的程度，至少可養成他們的習慣，自杜威的「自做中學習」的觀念看，只要教得好，未嘗不是培育人文素養與審美能力的辦法。只是需要潛移默化，讓他們自然成長而已。目前凡有素養的人，大多是這樣得來的。他們自彈琴、畫畫中，逐漸體會美感，學到喜歡接近美的東西，如果家庭背景有藝術欣賞的傳統，更是事半功倍。

在十九世紀的教學方法中，圖畫是美育有效的工具。當教給孩子們圖畫時，最簡單的就是鉛筆的素描，也是最基本的訓練。首先就是教構圖，畫兩個蘋果在一張紙上，先不談像不像，只談畫在什麼位置，兩個蘋果怎麼安排，認真的教就可學到不少東西。這種原理用在今天，可以改為攝影。現在人人有照相機，可是攝影很容易，卻也不容易，先不談照出來的色調與明暗，單是取景，就有很多學問。取景就是構圖。可是學到均衡美，也可以學到構圖的表現力。取景其實就是創造，也是美感的培育。

構圖之後是線條，手裡拿一根鉛筆在紙上畫就出現線條。用力大些線條就粗重，用力輕些線條就細巧。動作快些線條就流暢，動作慢些線條就遲鈍，通過手指，紙面上呈現的是人性與感情。這裡面也有很多學問，認真的教，裡面有個性，也有文化，天地是很廣大的。如果把線條用在輪廓上，就是藝術創作了。輪廓就是造形，勾畫一個輪廓，牽連到感官與思維的聯合活動，其中充滿了教育與啟發的機會。

這只是圖畫學習中的前兩步。在我看來二十世紀三〇年代後的藝術教育放棄了圖畫教學，受心理學的影響，改由兒童自由塗抹式的啟發性教學，已經就有問題了。藝術教育當成心理分析，連鼎鼎大名的哈伯特·雷德的理論中都有矛盾，不用談別人了。用他的教學理論，要怎樣使學生學到他很重視的審美能力呢？

藝教「進步」到今天，通過技術的，自做中學習與體會已經被放棄了，通過知性的、有系統的自思想中學習也被放棄了。不但美育被徹底消滅，藝術教育實質上也被無形中瓦解了。

美育重在素養

要怎麼辦呢？首先要把美育當成人文素養。什麼是素養？素是平素，是經常的意思，養是培養，是耐心培育的意思，要有素養，不能蜻蜓點水式的教學；要長期的浸淫，成為生命中的一部分。因此花的時間要多，投入的精神要集中。想通過藝術教育而得到美感能力，要持續，不能貪多。

這裡有一個觀念要說清楚，通過藝術得到審美素養，不一定要樣樣通。自美術入手可以，自音樂入手也可以。能自美術與音樂兩者入手最好。這兩者是視覺美與聽覺美的基本，所以過去的藝教就以美術、音樂為主，而美術且比音樂為優先。如果能視學生的性向及家庭背景選擇一種，深入的學習，比較容易達到美感素養的目的。自一種藝術得到的素養，能利用在生活中已經很夠了；因為我們都有舉一反三的能力。美的原則本來是有共通性的，一旦有了素養，終生受用不盡。

為什麼「藝術與人文」課變成一個大雜燴呢？我猜想是因為台灣特有的專家開會審查制所

造成的。因為召集專家共同討論課程內容，必須邀請各類藝術的學者參加，因此內容少了哪一類都不成，也不能客觀的定出重要性的順序。何況「藝術與人文」本來就是以文化來混同各類藝術的觀念所構思的。他們要多元化、生活化，是把文化以民族學的觀念來解釋的。

我曾聽到很多學校因為在藝術教學上缺少舞蹈教師而感到很困擾。也聽到有些教師對協同教學感到無法適應。這都是因為這門藝術大雜燴所帶來的麻煩。如果把藝術大分類，視覺的、聽覺的、表演的各成一門課就簡單得多了。原則上應該在一位教師可以承擔的範圍之內。我始終覺得，藝術的領域太廣了，它比科學要廣得多。自藝術中學習美感，所教的範圍幅度大小不太關緊要，所教的內容使學生能有所領會最為重要。因此為使學生得到完整的概念，教學要一氣呵成，能不採用協同教學最好。沒有舞蹈教師不教舞蹈，不會造成任何傷害。

關鍵在教師

讓我們回到教育的本質。建築大師路易．康（Louis Kahn）曾說，學校的本源是一棵樹下，一位老者向孩子們講說生命的智慧。也就是說，老師在生命中有些體會，要傳授給下一代。老師在教，學生在學，這是不易之理。今天我們的藝術教育出的問題，就是老師不知要教什麼，學生不知學到些什麼。這樣的教育實在是可有可無的。

關鍵的人物是老師。在課堂上，老師是一位有權威的演員。只要他對所教的藝術融會貫通，又有對學生說話的口才，教育下一代的熱誠，孩子們既喜歡他又敬仰他，他的課一定成功。要點是他對藝術的創作技巧與其背景的來龍去脈都很熟悉，又有表達的能力。只要教得好，自然就融合藝術與人文，事實上，這樣要求一位藝術教師是很嚴苛的。他能在一種藝術上有此造詣已經很難能可貴了，要他在各種藝術上都能有一肚子的話對孩子們說，實在太困難了。因此各學校都嚷著設備不足。什麼設備？視聽器材也。老師沒有話說，只好放影視資料給孩子們看。上課時只看電影，孩子們怎麼可能學到什麼呢？

藝術教育本來是很生動、很好玩的工作。以美為主題，以啟發為手段的教育，想想看就知道應該充滿趣味的。但是它需要熱誠。有熱誠才能全心投入，花大量的時間去準備功課。藝術最接近宗教，藝術教師要有傳教士的精神。為了建立一個以美為信念的國度，我們實在需要一群既能幹又熱誠的老師。教育部的責任不是去弄一些無法實施的課程綱要，提供昂貴的設備，而是有一套徵集、教育，甚至訓練藝術教師的辦法，其他的努力不過捨本逐末而已！

公民美學的落實

提倡公民美學，就是要推動「美」學的普及化來促進國民文化的平等權利。這樣一來，就把一個嚴肅的政治課題轉變為較輕鬆的大眾美育的問題了。

前文建會主委陳其南在上任時提出了兩個政策性的名詞，使文化界揣摩不透，一個是「文化公民權」，一個是「公民美學」。直到他下任，還是沒有理清其意涵。陳主委是學者，他拋出這樣艱澀的政策，是要我們一再的反芻，才能體會其用意，永遠也不會忘記。

我為了弄明白他的意思，趕快去查資料，知道所謂「文化公民權」是美國的文化學者在二十世紀八〇年代喊出來的口號。英文是Cultural Citizenship。這是因為在美國，窮苦國家的移民很多，他們都希望早日拿到美國的公民權，享受合法的美國公民的權益。可是這些外地人，英語都說不了幾句，即使公民權拿到了，也無法融入美國的主流文化。很多華僑不就是這樣子嗎？文化學者覺得這不是辦法。他們覺得既然准這些外地人入籍，就應該在文化上也可融入。做美國公民不但享有政治上權益，也應有文化上的權益。要怎樣使這些人做一個文化的公民呢？學者們認為是把他們的原鄉文化融入到美國文化之中，至少他們的原鄉文化應受到尊重，不可有文化的歧視。

簡單的說，文化不論背景，應一律平等。可是這個意思太深了，不容易為一般人理解。因此陳主委提出比較淺的「公民美學」的說法。這個名詞可能是他首創的。提倡公民美學，就是要推動「美」學的普及化來促進國民文化的平等權利。這樣一來，就把一個嚴肅的政治課題轉變為較輕鬆的大眾美育的問題了。

公民美學是什麼？

如果這樣去解釋陳主委的意思，公民美學與我喜歡說的全民美育就相去無幾。我向來主張在國民審美能力比較差的國家，應該推動全民美育。每一國民都有接受美感教育的機會或權利，使得全國國民不論貧富、貴賤、族群，都有同樣的審美能力。

公民美學與全民美育之重要差別，在於前者使用較抽象的「美學」，後者使用很具體的

「美育」。表面上看起來似乎相近，但用美學的字眼，不含執行的方法，而美育則指明是通過教育來達到審美能力提高的目的。怎樣才能推動公民美學呢？是頗費思量的。

陳主委在位時，使用公民美學列車來推動。這是一種移動性的美術館設備，是社會教育的工具。也就是把重要的美學理念展示出來，送到各地，供民眾參觀。社會教育的優點是民眾來參觀者，有自動自發的精神，可以根據個人的判斷，獨立自主的吸收展示內容；展示者也可利用此機會融合不同文化背景的美予以展現。它的缺點是很少有民眾自動來參觀，有興趣的人大多是已經有美感素養的人，與美術館一樣，所以很難達到普及化的目的。這就是美術館被批評為上流社會服務的原因。

全民美育就不同了，它的目標雖與公民美學相近似，但在方法上則以學校教育為主。學校教育是正式教育，在進步的國家，教育的普及率幾近百分之百，如果國家決意在正式教育中推動美育，是很徹底，很方便的。這就是歐洲先進國家在十九世紀與二十世紀初所採用的方法，這種方法在美育史上證明是非常有效的。

今天來推行全民美育，有人會認為時間已經太晚了。因為後現代的思潮來臨，對美的內涵的理解發生了變化，因此已缺乏共識。主張全民美育的人，認為美是一種客觀的共同價值，審美能力是一種文化素養。這種看法仍然為大部分的知識分子所相信，但卻是前衛藝術家與後現代美學家的攻擊對象。公民美學則顯得中性得多，可以避免強制性教育的一些情緒上的反彈。

然而公民美學究竟是什麼內容？它既然有普及的意向，所要普及的價值是什麼？如果把「公民」當成形容詞，可以解讀為要普及的是公民的美學。公民的美學與一般大眾的美學又有什麼不同呢？

美的大眾性

前文提到，美術館在推廣工作上的困難是觀眾主動參觀的人數太少。文化機構都有「曲高和寡」的問題，形成懂的人永遠懂，不懂的人永遠不懂的現象。解決這個問題只有兩個辦法，其一，是先使大部分的人懂一些，開始發生興趣，成為文化機構的觀眾；其二，是遷就大部分人的興趣，吸引他們前來。第一個辦法是全民美育，第二個辦法是走大眾文化的路線。

什麼是大眾文化呢？就是為大眾所熱愛的文化產品，這是上世紀中葉以後開始盛行的文化。在本質上，它是市場經濟的產物，推動的利器是大眾媒體，尤其是電視。因此嚴肅的文化學者批評它為文化的商品化與庸俗化。

可是與市場經濟之發達同時進行的是全民民主化。政治上的民主開始時是資產階級對抗專制帝王的理念，革命成功後，資產階級主政，一直無法把權力下放到全民。他們認為在教育尚未普及時，會產生暴民政治。到了二十世紀下半，全民民主的時機漸漸成熟了，越來越多的決策，訴之於公民投票。民眾已不代表庸俗了，因此對大眾文化的批評之聲漸漸沉寂，也就是被無聲的接受了。

然而這並不表示大眾的品味已經提升到文化學者可以接受的水準，只是在民主時代，民粹主義的聲勢高漲，學者的立場不得不退縮而已。他們只能以多元與分眾的觀念來解決美感水準分歧的問題，並期待大眾普遍的水準逐漸提升。文化是商品，經由民眾選擇的想法越來越普遍了。

既然是商品，就希望暢銷，就不能不遷就大眾的興趣，也就不能不思考大眾美學的問題。文化產品要暢銷，只有媚世一途。可以採取的途徑有二：其一是把高品質的產品夾雜著非文化的大眾趣味，其二才是降低文化產品的品質來附和大眾品味。後者是全面的商品化，為文化工作者所不樂為，所以在後現代的民粹社會裡，大部分的文化機構都採前者為經營方略。大眾媒體所呈現的文化自二十世紀以來則理所當然的採取後者了。

嚴格說來，只有第二個途徑才是直接挑戰大眾美學。近年來文化機構的經營者盛談文化行銷，而行銷的辦法極少直接把高品質美感當成產品出售，而是用其他方法吸引觀眾。以博物館來說，為了吸引觀眾，必須增加展示的遊樂氣氛，遊樂本不是設立博物館的目的，但觀眾不來，則永遠無法達成博物館的目標，只好把博物館的展示偽裝成遊樂場，吸引人們前來，這就是近十年來，國外有大量兒童博物館成立的原因。兒童為遊樂而來，才能無形中接受到美感的薰陶或科學的教育。可惜的是，有些兒童博物館為了賺錢簡直就當遊樂場經營了。

美感的底線

怎麼才算挑戰大眾美學呢？是以產品直接面對大眾，向他們的品味挑戰。

以視覺欣賞的表演藝術，大眾美感定位在俊男美女。一位美麗的女郎，只要略加訓練，舉手投足間即對大眾形成龐大的吸引力。表演的藝術如果沒有吸引人的男女主角，商業效能是不夠的。韓國與日本影劇中的俊男美女，已成為台灣年輕人的偶像，在孩子們的心目中，他們就是阿波羅與維納斯的化身。

這樣強烈的美感反應純粹是生物性的。我曾一再的說明，人類的美感反應是天生的，人生而愛美，對美的事物有所反應是不稀奇的，但是我們必須了解，這種天性是生物生存的利器，所以美感的底線是生物性的反應。因為美感是求偶的擇取原則，所以性感與美感的界線很難劃分。

人類文明的進步就是要脫離生物的本性，發展其中高貴的本質，而形成文化。古人說：「人之異於禽獸者幾希！」保持愛美的本性，而脫離生物性反應，是古代的聖賢引導我們進入人文的領域，所以才有這樣的嘆息！他們把人類的生物本性提升為美與善的價值，美遂成為一種神聖而崇高的理念。可惜的是，對美的價值的闡釋衝得越高，越精神化，越脫離芸芸眾生，成為少數人經營的象牙塔。

包浩斯風格的茶杯，呈現現代主義的美感。

為了使美感成為大眾的精神食糧，美的呈現必須降低精神的層次，重新回到感官的世界，回到自悅耳悅目，到喜怒哀樂的人生現實。美感只要接近底線，而不墮回生物的欲求中，就是大眾可以優游的美感世界。

這就是高級藝術與流行藝術的分界線。到今天，高級的尖端藝術仍然要維護，因為它是文化指標。但為了滿足大眾的需要，高級藝術必須大眾化，大眾文化必須精緻化。電子時代的科技幫我們達成了一部分的願望。

人類是群居的動物，很容易被引領而形成亢奮，所以人類才會盲目的崇拜領袖，才會有暴民政治。在文化活動中，同樣產生群聚效應，這種大眾性乃靠電子的傳播力量來達成。如果沒有良好的電子音響的設備，古典歌唱家帕華洛蒂不可能成為大眾的偶像。當代的表演藝術也因為電子聲光設備，使得露天劇場，或如巨蛋級的場所，可以發揮過去傳統劇場的功能，而能容納數以萬計的觀眾。音樂，超過了美術，成為時代的新寵。

大眾美感的提升之道

「公民美學」，從積極的一面看，是提升大眾美感的政策，是不通過學校教育，通過大眾美感的提升來達到國民整體精神生活品質的改善。對於不願接受學校美育的人士來說，這確實是一條可採行的途徑。

我們已進入富裕的時代，大眾已可接受較昂貴的票價，也可購買製作精美的生活器物或考究的室內裝飾，因此在表演藝術與生活用具兩方面，大眾美感向上提升都是康莊大道。在過去，這條路不容易走，今天卻已有些經驗了。談公民美學，只要拿出辦法來就不會落空。

舉例說，在市場上的日用器物，美感水準高的產品價格都令人生高不可及之感，只等待富有而高品味的顧客；而一般人能買得起的，大多「姿色」平平。這種情形其實是人為的，並不反映成本，而是有意以價格來壓低一般市民擁有美器的機會，抬高有錢人的身分。如果美的製品可以普及化，大眾就可以在自己的財力範圍內購買高品質的東西，就有了提升美感生活的機會。

今天的中產階級已可付出相當的代價購買生活用品，政府如能在政策上鼓勵美的產品以大眾化的價格出售，破除以品牌保護的障礙，就可以在短時期內提升國民審美水準，最直接的辦法就是鼓勵民間大量生產設計美好的產品。前些年生產力中心等推動優良設計的生產，但他們只想到賺錢，設計出的東西只打算高價賣給觀光客做紀念品或陳設品，沒想到進入一般人家的廚房。

由文化單位來推動，以提升大眾美感為目標，就是要自生活美化著手。越是設計得好的東西，越應該大量生產，甚至應由政府補貼，降低市價，誘使民眾購買，才能達到目標。地方文化局或文建會應舉辦些日用品展銷會，選擇最好的產品以平價推銷。為什麼電子產品，如手機或電腦廉價推銷甚至可以奉送，以養成市民的使用習慣，文化界卻不懂得這個道理呢？

美感與快感

西洋的傳統向來把美感等同愉悅，而快感是最強烈的愉悅，把它自美感中排除是很困難的。探討起來，就不能不碰到靈、肉界域的問題。

寫「談美」幾年，該寫的都寫了，似乎該停筆了，怎麼收頭呢？自美感的範疇，我想到可以為美感建立一個清楚的觀念架構，以便讀者們自己去為美下定義，我是一個喜歡作系統性思考的人，又是一個習慣自體驗中下判斷的人，在《明道文藝》談美這些年，不過是把個人在美的工作崗位上所體驗到的，加以系統性的推論，希望有助於擴清美的意義，便於美育的推動而已！看到我國國民美感素養的低落，思有所助益。「我豈好辯哉？我不得已也。」

寫了這麼多文章，我所辯的不過是什麼是美，什麼不是美而已。有時不免想，我是不是在做一件無聊的事呢？讀者們看了，會不會覺得我多事呢？我自我安慰，覺得還是很有意義的。

孔子說：「必也，正名乎？」名不正則言不順，所以定義是很重要的。想認真搞美育，卻抓不住美是什麼，怎麼搞得好呢？為了達到正名的目的，只管自正面說何為美是不夠的，必須自背面與側面辯明什麼不是美，或什麼是美的歧途，才能真正弄清楚。美確實是一個非常複雜的觀念，又是我們生活中離不開的價值判斷用語，要弄清楚真不容易，連我這個自認懂得美的人，也要隨時提醒自己，不要落入長久以來語言習慣所設下的陷阱！

觀念架構的構思

我在思考為美的真義辯解時，反擊的對象是藝術與文學界，因為大家對美的誤解大多與對藝術與文學的理解有關。我很佩服談藝術與文學之美的評論家，但他們常常把美的觀念無限擴大去解釋，反而把美的核心價值淡化了。但是我又不願意排除文學與藝術之美，所以我先建構一個美的同心圓，把各種藝、文之美，按照其形式的性質排成若干層圈圈，以形式美為中心，愈向外圈，愈趨於抽象，這些我曾在文章中詳述過（見〈美的同心圓〉，《漢寶德談美》頁一八二）。

我的同心圓有妥協的性質。形式之美為感官之美，是生理現象，是美感的基礎。而合目的

美與人文素養之梯階

	音樂	建築、工藝	舞蹈	詩畫	文哲	
思辨	↑	↑	↑	↑		心性
詩情	↑	↑	↑			意境
風姿	↑	↑				情趣
功能	↑					情理
形式						美感

表格說明：1. 各種藝術的特質不同，但其美質均來自形式。
2. 各種藝術均亦兼有五種屬性，但其特質互異。呈梯階排列。

之美，即功能之美，是心理現象，嚴格的說，已經不是美感。把生理、心理的交互反應算進去，形成核心美感。第三圈也是感官之美，但它是形式之美的延伸，而且也是生理、心理的聯合反應，當然屬於美的範疇，可是第四圈的情性之美就很難說了。詩情畫意之美是交織了形式美與生命感動的美感，但形式美常被忽略，誤把心理的情性中的感動當成美。但這無疑是生命中比較複雜而高級的美感。

為了避免被讀者誤會同心圓的外圈是美的邊緣，低視了文學之美，我在演講時，把它改畫方形的格子，稱為美的梯階，也在前文中簡單介紹過了。格子上下有五格，最基層為形式之美，其上分別為功能之美，風姿之美，情性之美與思辨之美。格子的左右也分五格，最左邊為音樂，自左至右分别為建築（含工藝）、舞蹈、詩畫、文哲。自左下到右上的對角線上的五格，恰恰是五類藝文的主要性格。所以人文的成長像爬梯階一樣，自形式之美到情思之美。這樣的表格說明了詩文的崇高性，但並沒有貶低形式藝術的價值。

這個表的另一個意義，是上下的五種性質是每一種藝術所擁有的內涵。最重要的是說明了一切藝術都是以形式為基礎的，因此形式之美為美的根本。藝術的性質中，只有形式美為真正的美，其他均為心性的反應，稱其為美固無不可，不稱其美，也無損其價值。但自表中認識各種藝術，在美育的過程中，就可知道打基礎是重要的。利用藝術教育來推動美育就不會躐等。

體驗的美感

這個架構我很滿意，但是有一個大問題，即無法面對藝術之外的美感問題。

傳統上，美學家是固守在藝術的領域之內的，他們不願談感官刺激的範疇。朱光潛先生在談美時，迫不及待的排除快感，因為快感是神經系統的直接反應，是生物性的。他認為美感經驗的要點是「忘我」，不能把它與實際人生的欲望連結在一起。而快感恰恰是欲望滿足的感受。這種觀點是中國傳統的一部分，是以詩文為中心的美學觀。

西洋的傳統向來把美感等同愉悅，而快感是最強烈的愉悅，把它自美感中排除是很困難的。探討起來，就不能不碰到靈、肉界域的問題。過去的人很希望把忘我的、「靈」的境界與自我投入的「肉」的界域劃分清楚，以分辨美感與快感，然而其間的界線實在太難劃分了。在過去已經爭辯不休，到今天，更加沒有分辨的可能了。因為人類已經超越了享樂是罪的階段，進入享樂是福的時代。美感若不容納快感，只有日漸萎縮，甚至於自文明中消失。

其實不必視「快感」為畏途。

從好處想，我們常把順心的事用「愉快」來描寫，是因為快字最能描述我們高興時的心情。我們愛看武俠的故事，主要因為俠士們「快意恩仇」，其行為使我們感到爽快。李安拍的電影，俠女飄衣御風而行於竹林之中，掌握了世人對夢境的渴望，給我們的是美感，也是快感，如果我們不快，就沒有美感，是不容否認的寫實。

今天談美，必須面對「快感」的領域，不能棄之不顧。為了解決這個問題，我們先要在美感的梯階之外另闢一個領域，即官能的領域。在這裡，人們追求的是快感，是通過親身的體驗才能得到的美感。

如果我們把屬靈的美感領域統稱為「忘我」的領域，那麼就要把屬肉的美感領域統稱為「體驗」的領域。二十一世紀是體驗的世紀，世人追求的滿足都要從親身體驗中得來，要他們欣賞鏡花水月的時代已經過去，永不再回來了，如果我們不承認體驗的美感，那麼也許美感真的會被世人所揚棄。可是快感並沒有那麼可怕！

老一輩的人提到快感，就想到性的滿足，因此以道德的判斷把它排除在正當行為之外。可是今人已經視「快樂」為人生的目的，有快才有樂，新時代已經不再以肉體的快感為罪惡。也許有人不免會有世道人心不古之嘆，但這是無法逆轉的時代趨勢。其實把快感解釋為體驗的美感，一切疑懼就迎刃而解了。

歐洲很多國家的文化部把體育與娛樂包括在管轄內，第一個印象是，歐洲的文化觀墮落了。其實不然。體驗的美感是要通過體育活動與遊樂設施來達成的。全世界的富有國家都在斥鉅資興建遊樂園。其中必然包括一些以速度、驚險取勝的設備，如摩天輪、滑水道等。幾年前我在北京王府街大道上居然看到一個體驗自然落體下墜的設備。這一些不過供人在驚叫中「爽」一下而已。

運動原意是鍛鍊身體，可是新時代的運動越來越娛樂化了。在觀賞的層面，把運動視為一種藝術亦無不可。一個籃球高手灌籃的動作，乾淨俐落，予人的感受兼有快感與美感。清晨的公園，各種年齡的市民，從事各種不同的運動，他們陶醉於其中，就是體驗一種有益於健康的動作，熟練又流暢的動作與舞蹈無異。提倡全民運動，無異於提倡全民體驗動作的美感。

快感的幾個層次

就以上的陳述，我們可以把美感的經驗分成兩部分，一部分是忘我的、出神的經驗，也就是我再三討論的，屬於藝術的範疇，這一部分，朱光潛先生也說，我們在精神上越投入，越沒有愉快的感覺。另一部分則是投入的、親身的經驗，也就是美學家們所不願討論的快感。這一部分，越投入，越感到心神的愉快。

為了較深度的了解體驗美感，我把它分為三個層次，第一個層次是「驚奇感」。在物質生活滿足之後，今人的生命中最恐懼的是厭倦與無聊，因此不斷的尋求刺激。他們揚棄和諧的美，為的是解除精神的麻木。新奇是引起他們生命欲望的第一步。

我在〈奇與美〉（見《漢寶德談美》，頁二六九）一文中提到，對新奇的追求可以使心靈飛揚，感到興奮，因而肯定生命的意義，強化美感經驗。它所帶來的驚奇感，是一種快感，但與美感有血脈相連的關係。

第二個層次是「痛快感」。痛快是一種生命中力量順利發揮作用的感覺。我們以斧斫柴，時常有砍不動的挫折感，如一劈而中開，就有痛快的感受。觀察熟練的工人在工作時的巧技，有痛快的感覺，是一種移情作用。武俠電影上，俠士飛簷走壁及一擊中的武術，令人生痛快的感覺，也是一種移情。可是今天的人大多喜歡親身體驗莊子「庖丁解牛」故事中「迎刃而解」的樂趣。莊子把它與舞蹈與音樂並列，因此可視之為美感了。

現代人以騎馬、射獵為運動，就是通過熟練，親身體驗生命力發揮作用的快感與成就感。

第三個層次是「爽快感」。在我們的生命中，處處都是困難，都是障礙，使我們經常處於困窘、鬱悶之中，這時候如果有一個外力幫我們一舉而突破，或由我們努力奮鬥，終於克服這些恐懼與障礙，前景忽然開朗，而有陽光普照之感。在現代運動與娛樂活動中，常常模擬這種克服恐懼，達到願望的情態。現代人喜歡跳傘、滑翔、登山等活動，都是要突破障礙得到爽利的快感。

再上一個層次是「狂喜」，英文稱為ecstasy，我曾在〈宗教藝術之美〉（見本書，頁二三四）一文中討論過。這是一種類似性高潮的感覺，是接近死亡邊緣時的歡樂，國人有時以「銷魂」來描寫此一狀態。在宗教活動中，儀式催生的信仰達到高潮時，信徒常痛哭流涕，甚至傷害自己的肉體得到精神的超升。台灣有赤腳過火坑的儀式，所經驗的是一種恍惚至於忘我的快感。這是極度興奮的狀態。現代人想盡辦法追求此種狂喜的經驗，除了沉湎於性欲外，就是吸毒，利用藥物刺激神經，達到暫時脫離現世，進入銷魂的快樂境界。這些都要肉體的體驗，而非心靈的觀照所能做到的。

審美能力可提升精神生活品質

自前面的簡單討論中，可知今人所喜歡的是體驗的美感，也就是經由肉體感官感受到的快感。衛道之士會稱之為世紀的墮落，然而如不違悖道德的基本規範，是應該容忍，而且鼓勵的。除了狂喜的層次可能破壞人間秩序之外，以遊樂或運動的設施體驗快感，擴大人生經驗，排除工作壓力，減低生活中的鬱悶，甚至可說是必要的。

我請讀者朋友注意的，快感與美感的基礎都是悅耳悅目的美感。所以美與快感是分不開的。今天文化界推動靈性的美感遭遇到困難，主要是為喜歡快感經驗的民眾所揚棄了。試想物館的門票不過百元，觀眾門可羅雀，遊樂園的門票近千元，而人山人海，是何原因？同樣的國家音樂廳經常不滿座，而巨蛋的歌星表演要買黑市票。都是因為民眾需要親身體驗的快感。這個趨勢，使得傳統的文化機構走向體驗式表現，也就是娛樂化。

這就是我們必須以美育打下國民美感基礎的原因。有了審美的能力，上層結構，不論是屬靈的藝術，自美感通向生命的領悟；或屬肉的歡樂，自快感通向心神的舒暢，都可以提升我們的精神生活品質。尤其是體驗快感的領域，如果沒有美感為基礎，就會墮落到肉慾的深淵，至於神、人共棄了。

快感的梯階

	運動	遊樂	騎射	冒險	捨身	
恍惚					●	狂喜
突破				●		爽快
俐落			●			痛快
新奇		●				驚異
體驗	●					美感

如上表格，我把快感分為五個梯階：

快感的初階是親身體驗得到的美感，如舞蹈或打球、賽跑等運動所感受的快感。再進一步就不是美感，只能稱為驚異感了。如在遊樂園中的乘坐雲霄飛車所得到的感覺，過癮！再上一步為痛快淋漓的感覺，為身體控制下的動作，乾脆俐落的達到目的，如射中紅心、飛馬躍過障礙。與此近似的，是經過長時間的努力而突破困難、達到目的，如攀高山到頂峰的快感。最後則是自我奉獻的恍惚境界，如宗教儀式中自我傷害所得到的狂喜感（ecstasy），亦可以性高潮來描述。這五個階段中都有某種美感存在。

美是多元的嗎？

我們不能不驚訝，這些在物質上非常落後的民族，創造的力量竟如此豐盛。如果我們不以「野蠻」來遽下判斷，他們的美感不但是不容忽視，而且是值得我們這些文明人學習的。

近來政府提出新十大建設計畫，其中的流行音樂中心比較引起爭議。論辯的焦點之一是文化建設應否限於支持正統的音樂。有一位學者用文化霸權的字眼來描寫反對流行音樂的觀念，使我想起也許應該談一談美是否也涉及於霸權，並進而討論美的多元性。

所謂霸權，應該是指在社會上擁有主導權的階級，把自己的愛好強加於其他人的意思。照現在流行的看法，過去的價值觀，尤其是統治階級所支持的文化與藝術，是不能拿來教化人民的。因為基層的民眾有他們自己的愛好，如果把一般人喜歡的音樂視為「鄭聲」，把上流社會喜歡的音樂視為「雅樂」，就是一種文化霸權。以今天的情況說，若以西方古典音樂或美術為正統，就是以西洋上流社會文化的價值為尊，因涉及民族的歧視，更是罪加一等。在自由、民主、平等的時代，誰也不能自視為比別人高明，霸權幾乎成為一個罵人的字眼了。

文化無霸權

我是支持流行音樂的。在我擔任國立台南藝術學院校長的任內，曾打算設立流行音樂系，可是得不到學校同仁的支持，改設了科技取向的應用音樂系。我以為廣大的群眾在聽覺美感的需求上幾乎完全仰賴流行音樂，而正規音樂教育卻把它排除在外，是很不合理的事。我相信流行音樂與民族音樂一樣，都可以成為一門學問，發展為一個正式的教學體系。對我來說，西洋古典樂，近似西洋古典建築，有一點應用考古學的味道，可是音樂界的朋友並不贊成我的意見。

然而我並不支持霸權的說法。這個字眼太使人想起階級鬥爭與族群抗爭了，是從惡意來看文化的現象。搞政治的人可以說，在文化界不宜使用。因為當年的士大夫以政治權力推廣雅樂並沒有「霸」的惡意，而是出之於化成的善意。儒家的思想重視全人的教育，樂教占重要的一環。他們要利用聲音和諧所產生的美感，來達到化育民眾的目的，他們的哲學基礎是：樂者，天地之和也。我相信他們之所以反對鄭聲，並不是鄭聲中缺乏美感，而是反對其中的淫佚之聲，不是要展示霸權。

今天看來，這種單一價值觀是歷史發展的過程中必經的道路。愛美既然是人類的天性，而大自然賦予我們愛美的本能，使美感與生理的需要連接在一起，只是為了我們生存的利便。可是自野蠻進入文明，要抑制生理的需求，強調精神的享受，所以文明社會的領導者首先要強調人性，把美感自生理需求中分離出來，使它成為純粹的心靈饗宴。這是社會人文化必經的步驟，也是自心靈的和諧達到社會的和諧的途徑。如果讓美感與慾念混在一起，並予以鼓勵、倡導，就會發生動物性的社會紊亂。今天的社會亂象正是這個原因所造成，然而多元論是怎麼來的呢？

文化多元論

文化多元論不僅是民主制度的產物，而且是世界各民族互相容忍共存的表徵。在過去，民族與民族間的界域是很明確的。民族與民族間的戰爭是神聖的，必然的，在優勝劣敗的時代，一個民族因衰弱被滅亡是當然的事，它的文化被視為低劣而被揚棄也是自然的。那時候，每一個民族都以自己的文化為驕傲。中國的華夏族幾千年來以自己的世界為中心，消滅了、同化了周邊的民族，到今天對不肯就範的藏族還不放手。可是比較起來，中國人雖有民族優越感，由於長期與異族的往來，在民族容忍性上是寬大的，雖然以夷狄稱呼他們，並沒有斬盡殺絕的想法，但在文化上則當仁不讓的做老大哥了。

在西洋，民族國家產生後，民族優越感成為一種凝聚力，特別強大的就發展為帝國主義思想。不但歐洲國家是如此，連東鄰日本也如此。民族主義鼓勵人民鄙視外族文化，日本人對中國就是如此。此種思想發展到極處就是世界大戰。德國的納粹政權就是建立在德國文化的絕對優越感上，要消滅「低劣」的民族。納粹在二次大戰期間對猶太人的大屠殺就是這樣產生的。

上世紀的中葉以後，人類心智明顯的進步，民族間的歧視逐漸減少。西方國家對少數民族及外族移民的壓制逐漸解除。其中最顯著的例子是美國的黑人與移民逐漸得到法律上平等的待遇。然而無可諱言的，不同的民族，不但膚色不同，語言互異，生活習俗常格格不入。即使因人道主義的發達而不再互相歧視，在文化的價值觀上卻是無法相容的。他們之間可以容忍差異，可以承認彼此存在的權利，卻無法融為一體。然而黑人的音樂卻為美國人普遍接受。

多元論的另一種意義是容忍同一族群內的差異。單一族群的國家由於社會階級的不同，或經濟條件的差別，或地理分布的歧異，產生了不同的次文化。也就是在文化上形成一些小圈圈。貴族與平民之間，富人與窮人之間，南人與北人之間，雖屬同族，卻有不同的價值觀。在過去是互相歧視的。有權力者歧視無權力者，受教育者歧視未受教育者，多數歧視少數，在過去是很普遍的現象。所謂文化霸權常常是指同一民族中統治者的品味所占有的主導地位，通常基層民眾唯上層的馬首是瞻，所謂上行下效，風氣大多由上層社會形成，在行為上也不例外。

可是這種情形自二十世紀中葉以後，大眾文化發達，開始成為主流，情形也改觀了。電視媒體主導了此一變革，商業利益為幕後的推手，行銷為目的，價值觀一方面向大眾傾斜，一方面建立了大眾的新品味標準。新的溝通方式促成各階層間的互諒、但文化界不斷的憂心品味的普遍下降，是大眾文化帶來的災難。

然後是分眾文化的發展。科技的進步，有線電視的普及，使得社會上各種群體都可以按自己的喜好取其所需。由之價值多元化時代來臨了。今天已沒有任何一個階層支配其他的階層，或某一族群支配另一族群的價值觀了。

我是民主制度的信徒，當然是文化多元論的支持者，我看文化與看生物一樣，認為是造物者的大能，使人類在不同的空間、不同的生態下產生的多彩多姿的形式，無不具有獨特的價值。從文化多樣性的觀點看，他們都有同等的價值，都有同樣的生存權。不但在眾多的異文化之間是如此，即使是同文化的次文化也應同樣受到重視。

美不分族群

然而，這與美卻是沒有關聯的。對於美，我是人文主義的信徒。我認為人類以善與美來提升自己的心靈境界，脫離獸界，創造文明，是人類明智的抉擇。這不表示不選擇人文主義的民族或次文化中，就沒有美的存在。相反的，比較原始的民族對美的依賴更深。

我認為族群之間的文化有很大的歧異，社群之間的價值觀也有很大的歧異，但並不表示在美感方面有根本的不同，他們只是追求美感、享受美感的方式有差異而已。

台灣是多族群的地區，最容易證明這一觀點。

多年前，當我初次接觸文物收藏的時候，就知道原住民的文物有很高的收藏價值。因此在自然科學博物館籌劃時期，即留意於民族學域的收藏。自接觸中知道，日本人在二十世紀初，趁統治之便，大量的搜刮了山地民族的文物，留在台灣的收藏已很有限。台灣本地的收藏家於戰爭前後仍然頗有斬獲。他們為什麼這樣喜歡山地的文物呢？

除了少數幾位，他們不是人類學家，只是文物的愛好者，他們的動機只是因為美。台灣

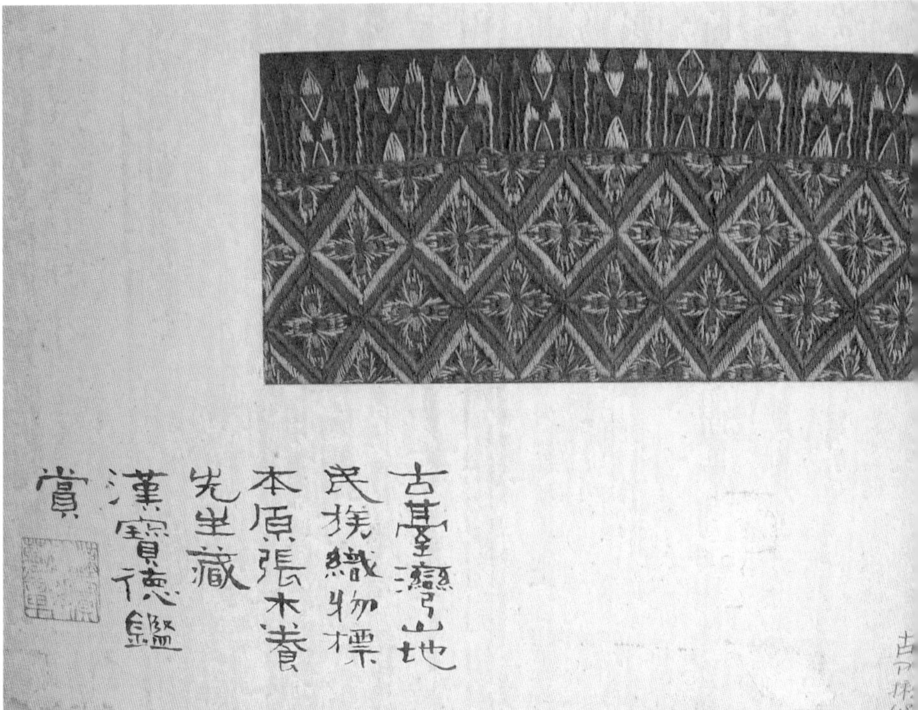
古臺灣山地
民族織物標
本原張木養
先生藏
漢寶德鑑
賞

｜ 織物之美 ｜

原住民的文物以織物、瓦器、琉璃珠最受歡迎，而織物之美堪稱世界之最。張木養先生收藏了數百件織物的樣本，令人嘆為觀止。他也收集了不少大陸的漢族織物，但在他看來，其文化的意涵象徵的意義雖較原住民作品為豐富，其美質卻較差。在原住民的織物中受了漢族文物影響的，在美質上就差些。

後來我為科博館收了一批苗族文物，其中以織物為主，我發現苗族自明代以來即漢化，因為整體看來，也令人感到文化的意涵增多，美感的品質降低，這進一步的說明美與文化是沒有直接關係的。相反的，文明民族由於把生活飾物賦以象徵意義，反而把美感忽視了。漢人織物上所繡的動物、花鳥都有固定含意，是不能亂用的，美感只反映在色彩、質感與繡工上。而原始的民族則直接發之於天生的美感，用簡單的織法表現出來，令人感動。

非洲原始民族的木刻藝術，自二十世紀初被藝術家發現以來，對歐洲現代藝術自畢卡索以降的影響是大家都知道的。我國的吳炫三先生的作品，其美質來自非洲的原始藝術，是他親自在非洲體驗多年的產物。不久前，歷史博物館展出非洲藝術，我們雖然無法完全明白這些作品的文化意涵，可是那些面具，那些人物的古怪造形，那些簡單的裝飾，散發出令人心震撼的美感。我們不能不驚訝，這些在物質上非常落後的民族，創造的力量竟如此豐盛。如果我們不以

「野蠻」來遽下判斷，他們的美感不但是不容忽視，而且是值得我們這些文明人學習的。

美無關階層

其實我們可以很具體的看出社會階層間的美感差異。今天的社會雖已沒有貴族與平民之分，卻由於教育背景與經濟環境的差異，而大體上分為高品味的階層、大眾品味的階層。在高科技社會來臨之後，這兩種社會逐漸拉近，可是在他們使用的生活用品上還是可以分出來的。大體上說高品味人士喜歡簡單整齊的形式，單純的顏色，特別是黑色，自然的質感。大眾品味則以花樣繁多、色澤亮麗光潔為佳，後者特別喜歡美麗的明星。在二十世紀的中葉，兩個陣營壁壘分明。這時候產生了美術界的怪傑——安迪·沃荷，他以大眾文化為繪畫主題，用精緻文化的原則表現出來，創造了大眾派藝術，轟動一時。他的作品今天已經被視為經典作了。

其實大眾並不是沒有美感，而是帶有強烈物質意味的美。他們喜歡瑪麗蓮夢露的美，也是因為她的性感。沃荷在一張畫上畫了幾十個瑪女的面相，是一種高級的詼諧手法，把性感形象精神化，拉近了兩個階層的美感。

我要說明的是，不論是民族間的差異或社會間的差異，美感是潛在的、一致的。它們的區

〈寧靜的早晨〉，吳炫三作品。 吳炫三/提供

別是文化在美感之外的價值上。文化是多元的，代表了人類多樣的生活方式、宗教信仰、社會規範。認識多樣的文化就是更深度的認識人類。要不要接受人文的教化是他們自己的選擇。至於美，則是各文化中不可缺少的生命力的泉源。這就是為什麼美被視為國際語言的緣故。通過美的感受，我們知道四海之內皆兄弟也。這樣看，美的本身並不是多元的。

美的多元觀

要有良好的溝通，共同語言是很重要的，大家至少可以使用一種共同語言，然後尋求共同價值。比如人與人間的愛是一種共同價值，美感則是另一種共同價值。

在今天的美感教育中所遭遇的難題之一，是美的多元觀，何謂多元？就是對於美感的價值標準不再定於一尊。自從一九八〇年代之後，後現代之風盛行，否定了西方古典以來兩千五百年美感的客觀原則，認為美感價值是因人而異的。

這個觀念幾乎等於宣布了美感教育的死刑。想想看，為什麼要有美感教育？不過是把美感的原則通過教育的方法，內化到年輕一代的人格之中。如果我們承認了美感是因人而異，要怎麼教？美感教育的意義又何在呢？可是我們如果認定美的客觀性，豈不是把美看得太單純了嗎？

美與多元的矛盾

其實多元的觀念在老一輩的學者心目中老早就存在了。最為學術界尊重的一本書，席勒所著的《論美育》，就注意到美感的多元問題。這本書是十八世紀末出版的，那是古典思想掛帥的時代，「美學」這門學問剛產生不久。可是他老先生為什麼要寫這本書呢？因為這也是現代社會萌芽的時代，他看到人類個性的多樣性，要怎樣去統合古典的理性與人類多變的個性，一定曾使他感到煩惱。做為一個名重一時的文學家，他似乎應該推演出一種邏輯，為美感在文藝復興的全人觀念中找到一個位置。人為什麼需要欣賞藝術與文學呢？所以他這本《論美育》原文是「論人的美育」，強調一個「人」字。

他的看法大體是這樣：人類原是感官取向的，因此重經驗，習慣生命中的偶然，大概都是相當主觀的。社會如果容許大家自由行動，必然是一團混亂。為了維護良好的社會秩序，所以需要遵守客觀的、理性的規範。在他的心目中，理性與道德近乎同義；這一點是與我國孔孟思想相近的。理性的規範如果不是出乎道德，就要訴諸法律，也就是外力，並不是理想的境界。最好是孔子所說的「隨心所欲不踰矩」，隨心所欲就是自由，不踰矩就是合乎理性規範。怎麼達到這個境界？他認為要靠美感的力量，人先成為敏於美感的人，經過美的內化，才能成為道

| 寄暢園：西方人終於可以理解的中國園林建築。 |

德人，才能把道德內化為人格的一部分。這樣的人格舉手投足無不和諧，因此隨心所欲不但不踰矩，而且可以顯示美的特質：自然的和諧。

他的全人理想在今天看來未免太偉大了，我們知道這是無法企及的。可是他已看到民主社會中個人的主觀意念幾乎是無法約制的。物質世界中的自然人就是如此多元，而要求自由表達的權利。他與我們不同的是：我們認為應該承認多元的個人價值，以讓大眾自己決定其價值所在。他則認為有一個理想的範式，也就是以美與善的標準來統合分歧的多元的人世。

大凡主張美育的人都不認為每人可以有自己的美。我可以承認個人有自己的偏好，但不能有自己的美感標準；若人人可以有自己的標準，「只要我喜歡，有什麼不可以」，要教育何用？所以即使最開明的教育學者，也不能放棄美感原則客觀性的主張。

舉一個例子。在二十世紀的上半段，美國的藝術教育界主張啟發性教育，讓兒童自由表現，發展自己的個性，這就是兒童畫受到重視的階段。前文曾經提到的英國藝術教育家，赫伯·雷德，自創造心理學的角度鼓吹表現性的美育，其理論影響全世界，在他那本重要的著作《通過藝術的教育》（*Education Through Art*）中，除了主要的篇幅申述他的理論外，還是免不了有一章談到形式之美，也就是古典以來的美感原則。我反覆讀這本書，感覺到他的理論的一貫性，但是總無法把形式美的這一章融在他的系統中。因此我體會到這位大學者在藝術教育觀念上也是矛盾的。他雖主張多元的個性的自由發揮，但也不能否認形式美感的重要性。因為在骨子裡，他知道美感判斷力的重要性，在教育上是不能輕言放棄的，可惜後現代的年輕人忽視了這一面相。

後現代的現象

後現代是紊亂的時代，它原本是民主政治的副產品。

西方的政治發展，有古今兩例。古典時代是自公民民主政治，演變為貴族的議會政治，再演變為帝王政治。十八世紀之後則是自帝王專制，演變為代議政治，再演變為民主政治，前者是由多元漸歸於一統，後者則是自一統漸演為多元。上文中席勒所憂鬱的，就是政治漸演為多元後所產生的價值分歧。

他老先生所看到的不過是代議政治，已經使他不安了，想從美感找出恢復和諧的辦法。如果他看到今天的民主制度會怎樣呢？真正的民主是在二次大戰之後才慢慢發展成熟的，不分階級，不分性別、種族、教育程度，人人的自主權都受到尊重的民主，是在大眾傳播工具非常發達的二十世紀中葉才建立起來的。早先所說的民主，充其量是投票權的民主。即使人人都有投票權，也只能遵從別人的意見，選出議員代行政權。大家都以貴族的價值觀為圭臬，因而並不會有美感價值失落的問題。在早期的民主時代，不但是政治權力的執行由少數人代勞，一切價值的決定，包括生活中的美感，也都由少數人操刀。與貴族統治的時代並無分別。要知道，機器生產的器物，或建築師設計的房屋，都是在傳統美感價值指導下的產物，因此我們才能看到如此和諧而有氣質的歐洲城鄉環境。

可是真正的民主到來之後，情形就改觀了。

價值觀的多元化的基礎，個人主義的精神受到尊重，民間藝術的價值首先要重估，藝術是文化的產物，貴族有貴族的文化，民間有民間的文化，沒有高下之分，怎能用貴族與知識分子的美感價值來衡量民俗藝術？在過去，越是一致化、越高級的觀念，為越分歧、越有差異、越豐富的觀念所代替。大家在美感上沒有共識，就乾脆不談美了，所以美感的價值被否定，既然各人有獨特的愛好，有不同的感受，而且都受到尊重，還有什麼美感統合可言呢？美感教育又有何用呢？席勒要生在今天，恐怕也啞口無言了。

後現代的現象所以被普遍接納，是因為美國的多族群社會所促成與凸顯的。在單一族群中，雖有上下階級之分，尚有共同價值維護民族的統合，所以才產生民族主義的政治力量。但若有多民族共處一域，價值差異的感受就很強烈了。美國是一個移民社會，不但非洲黑人占有相當的比例，陸續自各地遷入的民族，到二次大戰後開始占有不容忽視的力量。在真正的民主到來之後，不能不受到主流文化的重視。這些族群雖然嚮往美國的自由環境，在生活上、文化上卻是完全獨立的，因此才有八〇年代「文化公民權」一說的產生。這是要求主流文化的公民在精神上接受、尊重少數族群的文化價值，並把它納入、融合在全民的價值體系之中。這些文化價值當然包括了美感價值，要達到此目的，必須借助於大眾媒體的力量。

多元中真沒有共通點嗎？

後現代的思想中，認為在感覺上溝通難，知識上溝通比較容易，所以拒絕討論美感，在藝術的領域中排斥美感，強調知解。美感真是多元到沒有可以溝通的連結點嗎？尊重文化的差異就無法有共感嗎？

表面上看來，文化的差異不易產生共感，這是不確實的。不同文化背景的藝術，在欣賞的時候需要透過知解才能有深切的感受，這一點沒有疑義。如同我們欣賞古物，由於時代背景的

｜ 圓明園西洋樓遺址。 黃健敏/提供 ｜

差異，不經過知解，也沒有辦法產生深切的感受，可是這需要知解的部分，實在與美感無涉，而是對不同背景的文化內涵的了解。多一些背景的了解，最重要的，是可以消除偏見。偏見是什麼？是民族本位主義的價值觀。消除了本位價值的蔽障，才能感受到美質的存在，才能產生共感。

十八世紀時歐洲人來到中國，看了中國的建築與庭園，不知其所以然，只感覺到古怪，無法深切欣賞其美，但卻在歐洲的宮廷裡颳起了一陣中國風。這說明他們已經受到美的感染，只是不太深解而已。一方面在表面上模仿，一方面又在文字上貶抑，說明了感覺與知解方面的矛盾。東西文化經過兩百年的接觸，自知識分子互相了解已經發展到民眾普遍的交流，西方人今天不敢再用輕蔑的眼光或口吻來論說中國建築了。即使仍然不懂，至少知道尊重，因此欣賞中國建築之美對西方人已沒有障礙。

同樣的道理，在多元社會裡，各種不同背景的個人聚集在一起，要能充分溝通，必須先求互相了解，以便尊重各人間的差異，消除文化的偏見。要有良好的溝通，共同語言是很重要的，大家至少可以使用一種共同語言，然後尋求共同價值。比如人與人間的愛是一種共同價值，美感則是另一種共同價值。我們常常說，用文化的力量來化解歧見，這裡的「文化」二字指的應該是美感。

美可以統合多元

我曾不只一次指出，美感是多層次的。最核心的就是在人類中具有共通性的感官與功能的美感。尤其是感官所導出的形式美是人類的本能，不分種族，不分文化，生而能之。最容易舉出的例子，莫過於各時代、各民族的工藝品。

前面我舉了西方人接受中國建築的往例，乾隆皇帝建圓明園，對歐洲的巴洛克建築不但不排斥，而且精心製作，建了幾棟美感不下於歐洲的西洋樓。這已是歷史了。其實族群文化間在工藝美上的共感，在今天真是視為當然了。我國的古陶瓷與銅器在國際市場上的價格不斷上揚，這些收藏家大多不懂得中國文字呢！

對此一現象，我們可自詡為高級文化的感染力，但是我們向來看不起的非洲民族，其工藝品也是極有吸引力的。我從來沒有到過非洲，但在紐約的文物市場看到的非洲木雕，在形式美與創造性表現上都是很感人的，我買了一件琴形木刻，不知其用途，卻極喜愛其造形與色彩，我認為除了中國古器物外，非洲的器物最合我的胃口。

豈只非洲文物，在中美洲的馬雅文化的古物也有令人激賞的美感！曾在歷史博物館展出的文物，令人駐足的作品也不少。我在紐約的文物市場中，也幾乎愛上一件器物，只是太大了，陶器攜帶困難，才不得不放棄，試想非洲的原野與消失了的馬雅是多麼陌生的文化？在價值觀完全南轅北轍的情形下，居然可以在器物美上產生共感，得到文明社會人士的欣賞，美的共通性還有疑問嗎？

多元文化在台灣最為顯著，正統的中國文化，閩南的主流文化，來自各省的移民，日本殖民者的文化，留學生的美國文化，再加上原住民的九族，真是五花八門，無所不有，可是對於有些知識分子來說，手工藝品的美感，文明水準高的不如水準低的；中國與日本的工藝，特別是織品，遠不如原住民的作品，以我看來，物質文明落後的山地民族反而凸顯出純粹美感的本能，中國的刺繡，充滿了象徵與民俗的意涵，雖然五顏六色，熱鬧非凡，卻不能免俗。

說到這裡，我們幾乎可以認定美與多元是不衝突的。相反的，美感超乎多元文化之上，具有統合差異的作用。把目光集中在「美」上，就可免除種族間的歧視，建立族群間的和諧，這是我對「公民美學」的解釋。

美為什麼與藝術分家？

到目前為止，只有設計背景的從業者仍然秉持美的信念，因此我才主張在國中或高中開設設計課，自生活藝術入手，使學生自然進入美的世界。

台灣藝術教育的問題很多，最近教育部在北、中、南三區召開討論會，聽聽藝術教育界的意見，會中學校的代表吐了很多苦水，使人有一種永遠無法解決的感覺。可是教育部既然肯辦討論會，應該是有解決問題的決心，今天所缺少的是有能力找出解決之道的人才而已。

在眾多問題之中有一個根本問題，大家很少觸及，也不知其嚴重性，就是美育與藝術教育如何劃分的問題。

藝術為美而存在

人類創造藝術固然有很多理由，諸如對神祇的供奉等，但是主要的動機是為了創造美的東西。藝術與美因此被視為同義語。西方的古典時代與中世紀的基督教時代，發展出風格完全不同的藝術，其以美來奉獻神祇之意義卻是完全相同的。古希臘時代的文明中，用美來象徵神的存在，是人類史上，美的地位最崇高的時代。中世紀末期的哥德時代，美與宗教的關係幾乎與古希臘相當，只是因文化背景上的不同，美感呈現的感官反應略有差異而已。

把美感當成人類高尚生活中的必需品是自文藝復興開始。自此而後，人類開始享用美感。這時候，美術大為發達，出現了我們今天崇拜的大師，如達文西、米開朗基羅等。藝術被稱為美術是人本主義文化中的重要特色。表面上看起來，藝術品大多仍然是為教堂而作，但其目的已經不是為了取悅神明，而是為了進入教堂的人們賞心悅目。宗教已經人間化了。

從文藝復興到十九世紀的四百年間，藝術史家雖然可以分析出藝術的流變，可是在基本精神上是藝術越來越進入人類的生活，越重視美感的精神價值，逐漸取代了宗教的功能。今天大家熟知的巴洛克與洛可可，不過是把美感利用到有些過分的藝術形式而已。

十八世紀之後，歐洲的洛可可風潮，把藝術進一步的推進生活之中，與裝飾藝術及工藝合流。美感與財富因而成為一對雙生兒，這個時代也是最講究生活品味的時代，因為通過藝術品的欣賞，美感的敏感度提高了，生活中的一切都成為藝術。建築界已不在話下了，室內裝飾成為一門專業，家具與器皿之藝術化已成為風氣，衣裝與仕女之美相結合，點綴了上流社會的社交活動，美是他們追求的最終目標，書畫與雕刻不過是傳達美的信息的信差而已。

十九世紀，工業革命的成果逐漸浮現，社會組織受到工業的衝擊在轉型中，各地甚至引發了政治的革命。它的主要因素是階級的對立。也就是城市化以後，貧窮階級的大眾對富有階級的對抗。

在這樣動亂的局面下，產生了對藝術態度上的矛盾。可是藝術為美而存在的傳統太強大了，你可以改變對藝術的看法，對美感有不同的意見，可是沒法跳出美的範疇，所以文藝復興的精神仍然存在，美的追求仍然支配著一切藝術活動，只是自貴族所專有的情況，逐漸為中產階級所普遍接受。在英國，工藝運動與歐洲的新藝術運動把中世紀以來的手工藝服務於貴族的技藝，推廣到中產的家庭，成為大眾化美感的基礎，也為二十世紀的工藝美術奠定了基礎。在法國，新時代帶來了藝術的革命，台灣人所熟悉的印象派與後期印象派的繪畫都產生了。他們革的是文藝復興以來，古典風格藝術的命，可是所改的不過是繪畫的技法、繪畫的題材。他們自生活中尋找繪畫的對象，小人物已可以入畫，但是藝術家們追求的仍然是美。

今天我們所喜歡的梵谷就是一個很好的例子，他的行為，與他的作畫風格，在當時都是

巴洛克時期喬丹奴（Luca　Giordano，1632-1705）繪的聖誕圖。世界宗教博物館/提供

離經叛道的。可是他與世人隔離，隱居在一個小鎮中，瘋狂的創作。在他內心的深處是尋求一種超乎凡俗的美感。在當時也許不為世人所欣賞，但卻是經得住時代考驗的。去年秋天，我曾到那個他去世前居住的，名為奧文斯的小鎮，也看到他所畫的「歐維爾的教堂」，以及那個小鎮的市政廳，他的筆觸狂放，你也許覺得他所寫生的對象只是一種參考。可是我看到那些他所畫的建築，覺得神情維妙維肖，所取的角度也是權衡了美的構圖而決定的。這使我相信，他的宗教熱狂轉化為對美感的投入。

台灣的老畫家都是印象派的承繼者，所以他們的作品接續著十九世紀末法國的傳統，在自然與人物中尋求美，是毫無疑義的。

｜梵谷畫中的小教堂實景。｜

現代主義是美的豐收期

如果說十九世紀「前現代」的藝術是有意識的以超脫世俗的美為創作的目標，那麼二十世紀現代主義時代的藝術就是自丟棄傳統美感的革命中，無意識的為美尋找新的生命。他們也許不提美，甚至把美看作落伍的觀念，但是在他們的內心深處，仍然是找尋一個美字。不論他們被稱為野獸派、立體派，或各式各樣的流派，似乎只是在觀看世界、萬物的方式與觀點的改變。他們仍然是畫家，仍然要捕捉視覺形象，把它們用彩筆表現出來，他們的目的實在是不言可喻的，不為美是為什麼呢？

我承認，他們的創作有了其他的動機，特別是人道主義與表現主義的動機。一方面關心人世，想用作品表達關懷的心思，另一方面又感到個人內心的一些衝動，想在作品上發洩出來。然而其結果呢？他們對後世的最大影響，卻是創造了新的形式語言，也就是用新的形式表達美感。

以畢卡索為例吧！他把非洲面具帶進繪畫中，因此把人的形象幾何化（見頁一四二），看上去是把人體之美破壞了，實際上卻是換一個角度看人體之美。非洲的原始藝術帶給西方人很大的啟示，為美感增加了感情的深度。畢卡索開始也是自幾何化的感情表現入手，可是後來他又回到西方的傳統，把立體化、幾何化的形式，推上抽象美感的領域。現代主義時代的藝術家為形式美感帶來了新的風貌。

二十世紀上半段的藝術家，除了少數例外，有意無意的，自異文化中、自科學技術中尋求美感，在工藝美術上尤其是如此。有些著名的形式主義的藝術家，如康定斯基與保羅克利，與建築、與設計合流，以包浩斯為根據地，發揮了極大的影響，他們幾乎是創造出一個新的美感世界，與內容未必有必然的關係。

現代主義時期是美感的豐收期。它一方面結束了長達數千年的實物描述的傳統，不再直接把美感附著在物象之上；一方面自象外找到美的泉源，並自此泉源導引出多采多姿的面相。美術的抽象化使得藝術的大融合成為可能，因為原本抽象的建築、音樂及工藝，都可以與美術接軌了。現代建築的幾位大師，尤其是柯比意，扮演著大融合的關鍵角色。在戰後，使人感覺藝術與美的關係已經形成新的連體，只要繼續不斷的創作下去，就可出現人類理想的、充滿了美感的世界。

沒有想到藝術家的創作力與叛逆性是不可分的。美的探索在革命的時期是叛逆的，大家努

｜ 畢卡索〈亞維農的姑娘〉，把非洲面具用在繪畫上的野獸派。Getty Images / TDI提供 ｜

力的方向不同，尋求美的目標卻一致。可是當美的探索接近尾聲，也就是已找到新的美感形式的時候，藝術家的叛逆性很自然視新形式為革命的對象。

尋找醜陋的後現代

事實上對美感清算的種子早就埋下了。十九世紀末的社會主義革命，反對資產階級的唯美價值，是一個種子；佛洛依德的心理學，發掘了人性中醜惡的真實，是另一個種子。這兩顆種子到六〇年代因反越戰而茁長，凝聚了反現代的力量。他們把現代定義為科技、工業、軍事、霸權的結合，秩序與美就成為犧牲，美因而被鬥臭，被醜化了。紊亂、醜陋才是他們要的。

心理分析學是在心性上尋找醜惡。他們把性慾神聖化了，因此性慾的內在動力，藉著各種象徵凸顯出來，都是有道理的。把道德擺在一邊，內心的犯罪的慾望表現在藝術上，成為探索內在世界的必經之道。藝術家向來是不遵守人間禮法的，有了學術上的支持，他們如虎添翼，把醜惡當成正道，善良反而都變成虛偽了。在這種氣氛下，一個藝術家要遵守社會規範，也只能表示出人世的淡漠無情，要求正面的美感，幾乎是不可能的。

這兩種力量加起來，到了二十世紀的七〇年代，就形成一股風潮，與美感完全劃清界線。

他們的任務是顛覆過去的價值，探索心靈的新天地。後現代的藝術家可以尋求任何價值，只是排除了善與美。顛覆本身成為一種價值。毛澤東思想起了相當的作用，因為他說過「造反有理」。只要造反就有理，因為先推翻舊的，才能有新生命產生，雖然我們並不清楚新生命是什麼。

這個時代，自一九七〇到一九九〇年代的三十年間，最溫和的顛覆就是解體，就是裝置；這類藝術對觀眾而言是一些啞謎，只是使你不了解已經很客氣了，至少沒有強烈的刺激。自超現實主義發展下來的繪畫，幾乎是追求醜陋與惡毒，使人看了會嘔吐。藝術似乎與政治相結合了，他們又像是一群膚淺的哲學家，或扮演著為前衛思想家詮釋的角色；他們失去了在社會上存在的主體性。

美育必須自立門戶

丟掉了美的藝術家，也許可以找到自己的天地，但是他們放棄了對社會的主要任務。我不怪他們，甚至他們有權這樣做，可是總有一天，他們會覺悟只靠在藝術圈內互相吹捧，並不能改變被社會遺棄的事實。所以近年來的前衛藝術有回歸社會，向大眾藝術靠攏的跡象。

在他們尚沒有弄清楚自己的立場之前，教育界實在不能等待他們，因為美是人類的精神食糧，無論在物質上還是心靈上都是不能缺少的，民眾需要接受美的教育，以便擁有敏感的接受美的能力。既然藝術已經拋棄了美感，我們不能再通過藝術的教育來養成孩子們的美感，就只有宣告美育與藝術分家。美育要自立門戶才成。

如果藝術教育家們仍然可以接受學習藝術為達到美育目標的手段，合則雙贏，是沒有分開的必要。不幸的是，今天的藝術教育家接受了後現代的藝術觀，他們推動的藝術教育就是九年一貫中的「藝術與人文」。我們不批評這種課程的成效，可是很明顯的，美感教育已經被排除了，所以我才呼籲，美育必須別開蹊徑。

為了有效推動美育，國中、高中的美育課程，應該由有教育熱誠的設計家來教。在藝術的領域中，畫家與雕塑家已放棄了美的立場，連工藝家也受造型藝術的影響，與美感說再見。到目前為止，只有設計背景的從業者仍然秉持美的信念，因此我才主張在國中或高中開設設計課，自生活藝術入手，使學生自然進入美的世界。

解構之美

由於其突出的個性，破壞環境的和諧是必然的，這是解構的思想與社會安詳間的最大衝突點，如果都市中每棟建築都如此表現，那才是真正的混亂而失去和諧的美感，且有使民眾神經過度緊張的問題。

我曾經說，要認真的推廣美育，必須分辨美與藝術。這是因為原本以美為核心價值的藝術，到了現代，就拋棄了美，走向新經驗的探索了。不是創新不好，但美是生命內在需求的價值，有較高的優先性。因此，如果兩者一定要選擇其一，我選美而不選藝術。

我說這話還有一個意思，就是在美育的推行上，有效的辦法不是純藝術的教育，而是設計，也就是生活藝術的教育。而生活相關的藝術則是以建築藝術為核心的。通過環境藝術的教育，大眾最容易受美的感染，也最容易把美的價值推廣到生活的全面。

什麼是「解構」

建築的美本是古典美的基礎，應該是置之四海而皆準的。但是我不諱言，我碰到了一個問題，即前衛的建築自二十世紀八〇年代以來，忽然也拋棄了美的原則，變成一種表現藝術了。我要怎樣自圓其說，仍然倡導以環境藝術為前導的美育論呢？

以古典美學理論為基礎的現代建築，到了六〇年代，由於種種非美學的因素受到嚴厲批評，面臨非改變不可的命運。後現代的理論就出現了，以滿足求新求變的心理需要，革新家先在傳統建築中找語彙，找不到路子，這時候，碰巧遇上了法國的哲學出現所謂的解構主義。建築思想界常常要從哲學中尋找營養，而哲學家德里達先生正愁著自己的思想沒有辦法具體的呈現，兩者一拍即合，就產生了解構主義的建築。二十年來，這種思想一直主導著前衛建築的創作方向。

解構主義，顧名思義，是要解析固有的觀念，否定其真理的地位，所以它原是非常理性的一種思想。比如說，我們曾相信忠孝是倫理道德的根本，不敢有所懷疑。可是仔細想想，它是不是某一特定的社會階級、某一歷史時代的產物呢？如果我們解析它們的理論架構，就可以發現它們有其獨特的一面，甚至可以說是偏見。這樣解析下去，會發現世上每一件事都有其個別的因素，不能一概而論。其實中國古人早就明白這個道理了，所以對於死抱著「忠」字，不分青紅皂白就要為上司犧牲的人，被稱為愚忠。我不是哲學家，讀一點有關的文章，覺得這就是合理主義中「理未易明、真未易察」的觀念。只是經過把固有的信仰加以解體，認識得更為清楚而已。

這樣的觀念怎麼用到建築上呢？

其實是可以的，因為世上的任何事物都是由部分所組成的，建築自然也不例外，建築的形體是由功能（軟體）與結構（硬體）所構成，而功能與結構都是可以進一步解析的。建築造形的象徵意義何嘗不可以解析呢？舉例說，功能指的是空間的用途，任何一類建築都可以解析為不同的空間，如臥室與客廳等，同樣的，結構當然也是可分解的，人人都知有屋頂、牆壁、門窗、地板等等；也可分為柱、樑、板等。

現代主義以前的建築常常為固有的觀念所限，認為應該方正、對稱，按照習慣分配房間，因此建築以火柴盒居多。實情不應如此，每家的屋子都應不同才對。如果建築師有解構主義的精神，解析成一些部材，重新來個創意的組合，是可以既合用、美觀，又有創新價值的。可惜的是前衛建築師接受解構主義的時候不是這樣的。

解構是支離破碎

他們接受的是解構的表面現象。

如同台灣的政局，在專權的時代，一切統合於單一意識形態之下，看上去萬眾一心，全國努力奮發，所以要發展經濟，也是一躍千里，不出二十年，就成為亞洲的一條龍，可是民主化以後，多元的價值出現，內部一片混亂，自由帶來無盡的矛盾與不安，因此外人看來，台灣的社會已支離破碎，十年以來，經濟停滯不前，大家勇於內鬥而樂此不疲。

這是在解構之後沒有系統的重組而呈現的紊亂。這樣看，解構成為破壞與反建設的觀念了。解構其實並沒有有系統的拆卸原有的組織，而是大刀闊斧，把它斬成散亂的片段，像垃圾一樣的丟在一起。

依我粗淺的了解，解構論的思想家只是想建立一種開放性的、多元而動態的秩序，並不是不要秩序。這種新秩序比較接近自然現象，初看起來似乎是紊亂的，細察之，可發現亂中有序，是生命的秩序，因此也會呈現生命的美感。可是把這種混亂的外觀用在建築上就完全不是一回事了。

把這種哲學的表面現象用在建築上，就會產生與裝置藝術類似的垃圾造形觀。問題來了，這樣的造形仍然有美存在嗎？它們仍然可以滿足建築的功能嗎？

答案是，「解構」用在建築上純粹是為造形之新鮮、刺激的目的，與功能是無關的。也可以說，解構建築是在建築史上第一次形式完全脫離了功能。在我看來，他們的解構只是借用了一個深奧的名詞，與其原意是風馬牛不相及的。因此這些前衛建築師只是搶鋒頭，趁風尚而已。然而在他們的作品中，美還是存在的。他們的內心深處只是有一股「語不驚人死不休」的鬥志，不顧一切的創造出驚人心魄的建築環境與形式，以領導風尚，創造時代。

散亂的垃圾，偶然的堆置，也可以產生美的造形嗎？

蓋瑞設計的展示館：散亂的堆置。

解構：結構與動能的解體，哈地女士設計的消防站。

破碎的美感

要知道，這些前衛建築師都是有敏感的審美能力的，受過建築學院教育的人，他們只是不安於現狀，想為後現代美學找一條出路而已。他們都是有叛逆性的設計家，所以才會標新立異。在他們的作品中，不論多古怪，都不可能犧牲美感。他們犧牲的是功能，是大把的鈔票，是與環境的協調關係。

為台中古根漢美術館設計的伊拉克籍女建築師哈地（Zaha Hadid），漸為台灣建築界所知，是參加當年解構建築宣言的建築師之一，去年且得了國際建築大獎。她最早完成的一棟建築是位於瑞士與德國邊界的一座消防站。也就是滅火隊與車輛的駐在處。這座建築完全不合用，目前已改為美術館。我去參觀的時候，導遊的女士說了不少笑話，諷刺設計之不切實際，可是卻有成群的觀光客，有些遠自美國來訪問。原因無他，古怪而又美觀也。

大家也許知道，前衛建築師最拿手的就是美術館。為什麼？因為解構的設計本身被視為美術品，最合乎美術館長們的胃口，而美術館的功能最單純，只要裡面有空間可以懸掛陳列美術品就可以了。哈地的消防站本是功能簡單的，救火車開出來居然轉不出去，只能做美術館。唯一展示的空間就是幾輛救火車的車庫。面積不大，但天花板很高，業主就靠牆做了層層架子，把它用來展示現代椅子設計的收藏，用處實在有限。但是它卻展現一種特殊的美感，連我這個老古板的人，也覺得很動人耳目，前前後後照了不少相。

這說明看上去是散亂的、偶然的，其實是下工夫蓄意造成的印象，並沒有脫離美的原則。這一點，恐怕使解構主義的哲學家不免失望了，他們的解構是假的。

再以哈地的消防站為例。她喜歡的造形元素是尖、是斜、是歪。照說這類元素上不了正式建築的檯面。可是不談功能，使用這樣的形式特色照樣可以塑造出統一的構圖，而且因充滿了動感而特別令人注目。她的消防站建築內，廁所的門是歪的，不容易打開，可是廁所的空間看上去倒是滿有趣味。其實它內部的空間，外部的造形，確有些出人意外的戲劇性效果。換言之，它不是散亂的垃圾。凡是看過她的台中古根漢設計的人，大概都同意，造形雖甚奇特，卻有強烈的性格，絕無散漫的感覺。所謂部分之間的矛盾，其實是不存在的。

個性的凸顯

其實「解構」被利用了。這些建築師哪裡懂什麼解構主義的哲學，他們只是厭倦了正統的建築觀，只是有突破傳統建築造形邏輯的衝動，希望擺脫限制，做一些驚人的表現而已。任何創造性的活動，一定要先把系統解構。事實上在歐洲，已有一些經由系統解構所設計出的建築，也頗有可觀。可是這些「解構」建築師並沒有真正去解構，他們是使用「解構」的名義來丟棄必須合乎功能的條件。

他們是建築的過動兒，也是時代幸運的寵兒。二十世紀最後的十幾年，是世界經濟大繁榮的年代，建築的經費似乎不受限制了，而高科技應用在建築上，慢慢已經得心應手，使他們可以處理複雜的造形，也可以計算混亂的結構，因此具備了製造混亂美的條件。

這類建築沒有美的問題，而是與環境協調的問題。由於其突出的個性，破壞環境的和諧是必然的，這是解構的思想與社會安詳間的最大衝突點，如果都市中每棟建築都如此表現，那才是真正的混亂而失去和諧的美感，且有使民眾神經過度緊張的問題。所幸都市中的建築大多仍然是平凡的，信守古典美的原則，甘願做他人的背景，讓這少數急於表現的人，可以旁若無人的發揮造形的能力。

南加州前衛建築的外觀。

輯三

尋找美的途徑

談美感

美的文化觀

如果有一位上帝，那麼美是上帝對人類的恩賜，可是只有開竅，人才能享受得到。所以美醜的辨別與善惡的辨別都應該是神的意志，神賦予人類的特殊能力。

我在應邀演講「談美」的時候，常常自國人缺少美感談起，不免引起有些聽眾的懷疑。難道中國人天生短了一根筋嗎？對於原本有民族優越感的我們來說，這確實是不容易接受的觀念。

這個文化的包袱，我已經在〈美是精神，不是物質〉（見《漢寶德談美》）一文中扼要的說明過了，在這裡，我要更明確的說明這種文化背景所形成的影響。我們不能破除這個文化的蔽障，美感提升的任何努力都是事倍功半的。

中國文化重禮抑美

文化的根是因為中國民族是生物性、現世主義的。我們沒有宗教，所以缺少精神化的力量。崇拜祖先是我們的宗教，因此子孫綿延是我們的期望。為什麼古人崇信禮教呢？就是為維護家族的體系；傳統的建築沒有美的觀念，只有倫理、份位的觀念，也是這個緣故。由於這種生物性的本質，男女之間的愛情不受重視，自性欲的滿足而傳宗接代，被視為自然之理。所以中國文化中沒有禁欲的觀念，沒有愛情的文學。

由於缺乏內在的自我約制，這樣的文化最怕亂。聖賢重禮，因為禮是倫常之道，是用外在的秩序約束人的行為，以免亂了綱紀，因此任何亂源，足以破壞秩序的力量，都要避免。中國的美學正是以禮為核心價值的規矩的美學。古人說，無規矩不能成方圓，就是這個道理。我們是把「禮」看成「理」，並且視為自然之理的民族，在這樣的文化中，很不幸的，美就成為亂源了。

美，當其始，指的是人體之美。在男性社會中，指的是女體之美。它的力量在野蠻世界裡是很可怕的，古史中盛傳商亡於妲己，西周亡於褒姒，吳在吳越之爭中亡於西施，美女的美是毀滅王朝的力量，因為男人會為它犧牲，招致敗亡。這種例子在西方也有，那就是荷馬史詩中的伊利亞德，敘述了特雷城為美女海倫而戰，而終於敗亡的故事。所以聖賢避談美是有道理的。中國文化把美感的訴求轉向大自然，也是這個道理。

為了避免人體的美引起動亂，我們在禮的基礎上創造了衣冠之美，從此國人就把身體忘記了，只看到面貌。即使僅有面貌也是很危險的，令人不敢仰視。非常美的面孔會使人魂飛魄散。記得在舊小說中形容美女，常說「沉魚落雁之容，羞花閉月之貌」，是極端的描述美的力量，連自然界的魚、雁、花、月都不敢面對，這可說明國人對美的直接反應。因為如此，才要求女人不可拋頭露面，潘金蓮由於露了面，才引起一場連環殺身的禍害。

美的力量，東西文化中都有所感，但是面對的方式卻大不相同。東方是試圖掩遮與逃避，西方則要研究美的原由，把它變成精神力量。

中國文化中的美女，有燕瘦、環肥之說。前者是指漢宮中的趙飛燕，後者指的是盛唐時的楊玉環，都是歷史上有名的美女。

她們的美，今天只能想像，自文字上，我們只能推想飛燕是瘦弱之美，玉環是肥胖之美。這說明了時代背景的不同，美感的條件有異，

| 唐朝仕女陶俑，西元七至十世紀。 |
| 財團法人台南市奇美文化基金會提供。 |

表示瘦也可以美，胖也可以美。以今天對美的標準看來，瘦而美是可以理解的，至少有輕盈動人的體態，至於胖，會怎麼美呢？確有問題。

自從考古發掘，在唐代墓葬中發現相當多陶俑以來，我們對唐代的胖美女已略有概念了，唐代的三彩陶與加彩陶中有些相當重要的女俑標本，確實可以證實唐人對女性的美感以肥胖是尚。可是我們實在很難想像這些美女如果脫掉衣服，是否仍然討唐明皇的歡心。因此我們可以斷定，唐人喜歡肥女，是因為他們以衣冠之美為美的緣故。唐代的飾物與花色是很講究的，肥女穿上美麗的寬鬆的外衣與長裙，頭髮梳成特別顯眼的花樣，插上簪花，臉上除了脂粉之外也貼了花，打扮得花枝招展。這些胖美女用唐人特有的三彩技術製成俑，看上去是很有說服力的。

漢代同樣出土了很多女俑。相距三百多年，漢人在俑的製作上要落後些，可是可以看得出來，漢女確實屬於瘦弱型，

愛神與賽姬，裘里歐・貝岡左里（Giulio Bergonzoli），義大利，1822-1868
財團法人台南市奇美文化基金會提供。

並不是看到這些女子的身體，而是看到衣裝，漢代貴族流行曳地的長裙，以襯托女子的飄逸身影。那時候的美女常被想像為仙女，身輕似燕，可以御風而行。這種想像都表現在衣裝上。

西洋重視覺之美

可是西洋人就不是這樣看美女了，他們要看美女的身體，所以古希臘與羅馬不重衣冠，他們不分男女，穿著都是以白布披身而已。在紀元前七、八百年，希臘人就開始雕刻男性裸體像，到了紀元前五世紀之後，他們的美感文化已經成熟，用裸體的女像來呈現美感，已經駕輕就熟，人體之美遂成為文明之標竿之一。

他們對美並沒有恐懼之感，而是在與愛相結合後，有崇敬之心。他們把極美視為神意，因此美被神聖化，成為人類所力求達到的目標，所以古希臘用科學方法，有系統地研究美的根源，把音樂數字化，把美術幾何化，建立了美學。有了一套辦法，就可以把這套原則應用到生活之中，因此對文明人來說，美成為一個必要條件，製造美的東西是很自然的事。這就是為什麼，自古希臘以來，他們對建築之美那麼精斟細酌的原因。

自西方觀點看，把人體的美，通過系統的研究轉到生活之中，並且享受到無處不美的愉快，就是文明。如果有一位上帝，那麼美是上帝對人類的恩賜，可是只有開竅，人才能享受得到。所以美醜的辨別與善惡的辨別都應該是神的意志，神賦予人類的特殊能力。

我談美，都是自西方的觀點出發，談美育，也是借用西方的經驗，並不是媚外崇洋，是因為在審美的態度上，西方是正面的、積極的，是有原則可循的。這一點，美與科學相同，雖為西方人的發明，卻是人類的共同資產，我不會迴避西方美學，如同我要住西方人發明的高樓一樣，沒有什麼好慚愧的。

中國文人的情、境之美

也許有人會問：難道中國人沒有「美學」嗎？

中國人不是視覺美學，我名之為情、境美學。

在視覺方面，中國人仍然有潛在的本能，但在形式上，美落入裝飾的範疇。禮的制度化轉變為象徵；象徵者要用裝飾表現出來，衣冠的式樣、顏色、花紋都按照身分訂定。明亮、顯眼的色彩屬於統治階級，以黃、紫、紅、藍分地位的高低。一般老百姓則只能著黑色，所以古人稱老百姓為「黔首」，灰色、白色大約也可以使用吧！至於華麗的刺繡，是上流社會的專利。

裝飾的美帶動了繡的工藝，如同在建築上大量使用琉璃瓦與彩繪一樣。對於建築我們有「美輪美奐」的形容詞，意思是高大華美。這個美指的是華麗，也就是裝飾。至於建築本身的美感，並沒有指導的原則，所以它是匠人之事，與建築藝術無關。建築的主人所重視的是格局要宏偉，要合乎體制。中國建築是對稱的設計，而且主從分明，這兩個原則雖與西方文藝復興以後的建築原則相吻合，卻不是美學理論推演的結果，而是在倫理秩序下的產物。是理應如此，不是喜歡如此。而中國人喜歡的，是雕樑畫柱，是層斗疊栱，連屋頂上也要有脊飾。台灣的傳統建築以剪貼做成的脊飾，五顏六色，以神話故事為主題，其目的

台灣古建築屋脊的裝飾。

無非造成極具華麗之美的印象。

視覺之美是匠人之事，那麼知識分子呢？他們的美學是一個情字。他們大概是用情感代

替了美感的功能，所以中國的藝術家只有詩人。為情所動而生的情緒就是感動。

中國知識分子自兩方面滿足對感動的渴求，一方面是與人之間的情分，一方面是與環境之間產生的情分。中國詩人最重友情，就是因為那是純潔的，人與人間互相因性情投合所生的密切關係。親情當然是很重要的，但親的關係是血緣的關係，不免涉及禮的體制，感情無法純粹化，夫妻之間亦可有深厚的情分，但難與肉欲完全割離，所以親人必須兼有友情才能昇華為完全精神上的契合。

至於與環境的關係，則為情境的感動，自然或人為的環境常使我們產生與生命相關的感懷。中國的詩人創造了很多令人難忘的詩句，

｜古畫：敦煌石窟中宋代石窟的民間佛畫。｜

或由詩詞為畫，都是通過描述某些景致，得到讀者感情的反應，美學家稱之為意境，中國詩大多先描寫景致，然後點出心思，就是這個緣故。

感動的美感，是心緒發洩後的舒暢感。知識分子大多憂國憂民，而人生苦短，悲情為多，所以需要情緒的出口。把這種舒暢感視為美感是勉強說得過去的，但卻不是與現代生活相切合的美。中國人習慣了把詩文中表達的情感美視為正宗的美，把與生活相關的視覺之美當作匠人之美，到了現代，當美育的潮流東來之時，我們雖對美極為重視，卻無法接受西洋的方法，一定要回歸到詩文的美感之中。這正是我國美育失敗的原因。

全球化時代的挑戰

如果沒有西方文明，我國以情感舒暢為主軸的美感也是足夠的，讓視覺美留存於民間，未嘗不是好事。中國的匠人，以其審美的本能，創造了很多符合西方美感標準的東西。日用器物如陶瓷器是一個很好的例子，民間建築也是很好的例子。我們在民間看到的，不論是金門的傳統聚落，或徽州的傳統民居，都是美不可言的，匠人們沒有讀過書，卻在不知不覺間創造了美的東西。可是新時代來臨了，匠師制度消失，讓一些讀書人執掌文物的製造與設計，他們反而不知所措。教育使他們失掉了方向。

我們必須面對國際化的壓力。今天獨善其身已經無法在世界潮流中立足。自己的文化是要保存的，但必須同時與國際接軌。自美感開發這一特別項目來說，我們不能不趕快把西洋的視覺美感接受過來，連上我們的美感本能。一旦接軌完成，我們的國際競爭力就全面恢復，絕不會亞於他們。這就是我提議在國中、高中設置美育、設計等課程的主要原因。

至於我們的傳統，裝飾的美感與情、境的美感，都是我們的寶藏，不但仍然要保存，而且要發展。裝飾美可以與視覺美育相結合，情、境的美感則要強化詩文的教育，使未來的中國人更加多情善感，這一點，我們應該向日本人學習，他們目前是世上最敏感的民族。只要恢復詩文教育，趕上日本應該是不困難的。

文化的傳統是寶藏，不是障礙。只有當我們為傳統所絕，不肯隨時接受外力影響時，才成為障礙。在美感教育上，這也是值得我們認真反省的。

窮人才需要培養美感

需要精神生活的人就需要美感的素養，這是無關於貧富的，要怎麼突破市民通俗文化，使他們進入精神生活的境界呢？答案是教育。

在前衛思想中，我最不能接受的就是美感屬於資產階級的說法。這些所謂的進步人士，標榜社會主義理想，認為有錢就是罪惡，而美與錢綁在一起，所以美感與窮人無緣。自此，他們推翻了美感的正當性，幾乎影射著美就是罪惡，所以前衛的藝術家視美為讎敵。

在今天以中產階級為主流的社會中，這種說法已經不能再有說服力了。可是另一種觀念漸漸成形，認為通俗的美感是中產社會的通性，他們雖然不窮，但無能力接受高級的美，只能在傖俗的世界中打滾，結論仍然是，美是屬於少數人的偏見，只能為有錢、有閒階級，可以收藏古董、字畫的人所有。

這實在是非常荒唐的想法。

財富與修養無關

中國傳統文化精神是與此完全相反的。我們知道上古的儒家思想是以仁為基礎，並不鼓勵視覺的美感，但是自始就主張個人的修養與財富無關，甚至以為太過富有對學養有害而無利。孔子的門徒中以非常窮的顏回最受尊重，正是因為他能「安貧樂道」。一個人要能在「一簞食，一瓢飲，在陋巷」那種近乎討飯者的窮苦中，仍能高興的學習，長年累月的不離仁道。難怪孔子會因顏淵之死，再三的表示哀思。

儒家傳統的倡議者，如孔門師徒，自社會階級看，屬於「士大夫」，在平民之上，是今天的資產階級，古代的貴族，但是卻不重視財富，以學著做人的道理為貴。這是中國文化的可貴之處。孔門不重美，也正是因為美常與財富相連結，深怕因愛美而失德，重要的是，個人的修為在道德、學問上與財富無關的觀念，中國的讀書人奉行兩千多年而不渝，安貧樂道為公認的美德。

這就是陶淵明被後世奉為文人標竿的原因。

士的修為原是為做官而準備的，但做不了官，又安貧樂道實在很不容易。所幸道家思想可以解決這個問題。道家從來不想管人間的閒事，他們的目光專注於自然。一切順其自然，在自然中找不到仁，卻找到美。有了美，修身養性就比較容易了，也有了目標了。所以漢代以後，士大夫中就出現一種獨特的人物，就是今天所說的文人。他們丟開人間現實的醜惡，陶醉在大自然的美景中。發現自然之美是中國文化的另一特色，因此不做官的讀書人就有去處了，而且可以得到心神的安頓。

在這裡我要說的是，回歸自然是拋棄塵世的富貴，在貧窮中度日。陶淵明及他的仰慕者，是以自然美為精神食糧。在傳統文人的邏輯中，遠離財富才能提升精神的境界，所著詩文才能流傳千古。當然，他們不是農民，不是真正的貧戶，但是衡諸事實，後世窮苦的讀書人太多了。真正有修養的人只有走進自然，得到精神上的滿足。元代以後的讀書人，以書畫為生，實在是自以美為中心的生活發展出來的，他們不得不以鬻美為生了。

後世的讀書人大多追求功名不成，就把自己埋藏在美的世界中，以詩文書畫自娛，如果沒有美感的慰藉，不知多少讀書人會含恨逝去，所以明末以來，就有一些文人寫了不少輕鬆的文章，教大家如何過愉快的日子，其內容大多與美的事物有關。所以越是窮極無聊的人越有美感滿足的需要。一本有名的書，李漁的《閒情偶寄》，是清初的著作，所述說的都是窮中作樂的方法，他曾說，下棋、彈琴都太認真，太正襟危坐了，最好有更輕鬆的行樂、養性之法。明人主張「飽餐青山，臥聽流泉」，雖粗衣淡食，自有一段真趣。

美不是有錢人的專利

我舉古人有閒生活為例，意在說明兩點：一、美不是有錢人的專利，二、越是窮人越應追求美質的生活。

這在過去也許是一句風涼話。因為在往日，教育與財富是連在一起的。一般的民眾不但貧窮，而且未受必要的教育，對知識與美感都很陌生。在農業時代，要農民在貧窮生活中以美感滿足精神生活的需要，可以視為一種諷刺。這就是第三世界國家敵視先進國家美學理論的原因，也是共產國家以農工階級的審美觀擬定美感政策的原因。

可是到今天，社會經濟情形已經改變了。大部分國家都已中產階級化。這種情況最明顯的是在新興工業國家，如台灣。中國大陸雖尚未脫離貧窮，但沿海一帶與台灣相較，已經有過之而無不及了。中產階級化的社會最明顯的特色就是教育普及，他們幾乎人人都受到基本的教

清代瓷盤花鳥的裝飾。

育。在這種社會裡，已經沒有無知無識的人了。他們大多不是農人或工人，而是市民。即使是農工人員，也是知識分子，擁有專業知識。他們未必富有，卻過著現代化的日子。

古代社會中，只有地主階級才受教育，凡受過教育的人，窮，是家族沒落的結果。故雖是窮人也有一身傲骨。在今天，教育普及，大家的機會均等，除了特殊情形外，窮是相對的，日子還是過得去的，而且總可以過得頗為寬裕。衣食住行都已不成問題了，有問題的是精神生活。在這樣的社會中，富有者所追求的是成就感，因為物質的滿足太容易了。而一般的平民呢？他們所追求的是聲色之欲的滿足，是精神的麻醉。

我說這話的意思是，古之平民沒有談美的機會，說美是資產階級的專利是說得過去的。今天的平民卻有充分的機會追求美質的生活；他們既有足夠的教育背景，又有物質條件，如果捨棄了美感，實在是說不過去的。

我們原諒古之農民，還有另外的理由。他們靠天吃飯，生活是簡樸的。他們的感性世界中沒有高雅的美感，但卻有天然的韻味。為什麼我們走進一個固有的農村會感到一種純真、濃厚的鄉土味，使我們戀戀不捨呢？他們在求生存的過程中，天生的本能使他們聰明的利用自然資源經營生活的環境，暗合著天然之美。農村所吸引我們的正是這種深透心靈的美感。只是農人們過於樸實，竟無所覺而已。農村之美遭到無情的破壞則是市民文化侵入所造成的，一直到農民經過文明的洗禮後才有所覺悟，想保存，卻已經太遲了。

把市民文化與俗文化劃上等號確有事實的依據。市民的工作經驗以經商為主，習慣於在物質主義的基礎上尋求精神的滿足。燈紅酒綠、五光十色的美感是他們所追求的。不斷的增加感官的刺激，成為俗文化的特色。發展至今，色情與暴力成為精神生活的指標了。他們才真正需要美的洗禮，以提升生活的境界。

清苦生活需要美感

有知識的人過清苦的日子，需要精神力量的支持，美的力量是其中之一，而且是最重要的支柱。所以今天的市民都應有美感的素養是不必爭辯的。

日本是一個充滿了生活美感的民族，他們的美感傳統從何而來呢？是從禪修生活中發展出來的。僧人在古代是有知識的人，修行則是一種清苦的生活，他們在禪修的過程中需要精神力量的支持，因此特別留意美感。日本文化中為世人所欣賞的生活藝術，諸如茶道、花道、書道中的美感，都是來自禪宗寺院。禪修重在靜觀，而極靜之中，美的精神價值才會凸顯出來。

有人問我，日本的花藝與中國的花藝有何不同呢？據我所知，中國並沒有什麼插花的藝術。我們有花瓶，今天一只明、清官窯的花瓶價值可能上億，花瓶上有美麗的紋飾，而花瓶的形式，如梅瓶，卻是自宋元的酒瓶借用而來。因此我們有花瓶之美，卻沒有插花之美。富貴之家陳設的是沒有花的花瓶。自有限的繪畫資料中可以看到古人也有瓶中插花這件事，但與西洋插花的觀點類似，即選擇好看的花，集成一團，插在瓶內，所以我們有一成語為「花團錦簇」，各色的花朵聚集在一起就是我們的花藝。

日本人就不同了。他們沒有花瓶，只有花器。花器只是一個陶製的，可供插花的架子，本身沒有藝術價值，插花並不以多取勝，也不以燦爛取勝，而是結合自然的材料，如樹枝、草木、枯木等組合成一個抽象的畫面。這種組合之美是需要靜觀來體察與欣賞的。花，很快會凋謝的，因此花藝之美是常變的，插花的藝術在不斷進行中，心境必須保持空靈，才可以享受這類的美感。

我舉這個例子是要說明，需要精神生活的人就需要美感的素養，這是無關於貧富的，要怎麼突破市民通俗文化，使他們進入精神生活的境界呢？答案是教育。

日本人早已進入市民文化的階級了，可是他們一直把禪宗的生活文化放在極高的地位，使全國人民視靜觀的生活藝術為人生的理想，所以世俗化的力量始終沒有摧毀傳統美感的根基。而中國人自明末以來，以清苦為基礎的審美生活就逐漸消失了，我們所看到的只有富庶之家的精緻昂貴的文房藝術，是貧窮之士可望而不可及的。

審美從空白開始

只要在精神上達到某一境界，財富與美是不相干的。不一定要買得起百朵、千朵玫瑰才夠美，也許一朵玫瑰、一段枯枝所構成的美，更富於精神的價值，因為要充分吸收美的精神效能要從空白開始，物質生活上的貧窮，恰恰是為一張白紙的背景提供了經濟的條件。

也許是受了日本的影響吧！台灣民間盛行收集石頭與枯木的藝術。玩石頭與枯木的朋友於閒暇時走到大自然中，如為山林，則揀拾枯木，如為水邊，則揀拾頑石，這些東西都是大自然的造物，一文不值，但在收集者的眼裡，它們都是藝術品，是值得仔細欣賞的，這可以說是窮人美學的最佳例證，卻不是僅有的例證。

掌握了基本美感素養的人，在任何事物上都有鑑別的能力。枯木、頑石可以，家用器物何嘗不可？真正有眼光的人不是價錢高才是美，而是入眼者才算美。近來年輕人好美，又少知辨別美醜，只向價格高的名牌中去找，因此不少人成為信用卡的奴隸。他們有吃有穿，但沒有多餘的錢去購美的東西，只好刷卡欠賬，而名牌正是對沒有鑑別能力的人所設計的。他們以為只要是名牌就應該是美的了，豈不知他們花在名牌上的錢是冤枉的，美並不是名牌的專利，只要有眼光，花很少的錢也可以買到美。

因此我才認為比較窮的人比有錢人更需要審美素養。窮人才需要精神生活，才需要自簡樸中尋求美感。有錢的人可以到高價的店裡，在設計師諮詢下購買用品或訂製衣物，而一般人只有自求多福，完全靠自己的眼光，這就是我長期以來一直堅持美感教育普及化的原因。可惜的是，有些人卻硬是強調美感是貴族的，不讓市民階級接受審美教育，任憑他們在多元的嘈雜聲中，深陷於個人的物質欲求的泥淖而不能自拔。

美的範疇之辨

當我們認真談美的時候，廣義的美是談不得的。比如我們談美育，希望國民有普遍的美感素養，就不能採寬廣的定義。西洋人在十九世紀推行國民美育成功，就是把美定義為視覺的美。

我在拙文中，曾不只一次提到，我談美，但不願談美學。因為美是人類共同的感覺，美學則是學者們以美為對象所建立的理論。愛美是人的本性，但是在學者們，尤其是哲學家的心目中，就成為極難掌握的東西了。因此他們可以為美的本質的討論爭執不休。我認為這是極費心神卻毫無意義的事，對人類社會的福祉無所貢獻。

所以我談美，是與讀者分享我對美的體驗，不是討論學問。我讀些美學的書，卻有意的規避學問。如果說我做過什麼有系統的思考，那就是希望通過思考來了解，為什麼這些偉大的思想家陷入無謂的美學思辨之中。

美不能涵括生命

我的思考始自反省。我的專業背景——建築，使我對美感價值深信不疑。建築家的使命就是建造一個美的世界；建築師沒有這樣的使命感就是商人。美對我而言，是具體而實在的，為什麼讀學者們的文章，總使人感到美是高深莫測的東西呢？經過反省，我悟到美是簡單的，只是學者們把它神秘化了。要把一件東西神秘化，先要把它複雜化，學者們不期然地把美的領域擴大，使我們如墜五里霧中，對於美，我們原本很清楚的，忽然摸不著頭腦，只有讀他們的書去尋求理解，而讀書卻越讀越不了解了。

我說這些並不是有意冒犯，也是一種體驗。在中國的文化中是沒有所謂美學的。在西方人的眼中，也許這是思想上的幼稚，但妙的是，中國人是愛美的民族。在傳統的中國，最不缺乏的就是美。擴大些看，日本同樣沒有美學，但日本文化充滿了美感，是全世界都承認的。由此可知美是一種生命的實踐，不談學問，不嘗試用理論去指導，它會自然成長，甚至發揚光大，有了理論，反而會揠苗助長，挫傷其生機。這正是當前藝術教育的根本問題。

學者們是一片好意，為什麼愛之適足以害之呢？

因為他們不從最基本的美感著眼，要自最不易理解的文學與藝術上著手。比如他們要自悲劇中探討美。既然是悲劇，一定令人因故事的內容感到悲慟，美從何來呢？這是先把自己放在一個矛盾的境遇中，再設法去建立理論，為矛盾解套，說明悲劇之美的道理。這樣的美，當然很難令人了解了。中國人沒有悲劇的藝術，所以不需要學問去解釋。我們也沒有敘事詩，把人間的悲歡離合的故事視同歷史，與美毫無牽連，問題就不存在了。《紅樓夢》是動人的故事，沒有必要去討論《紅樓夢》之美。

我自體驗入手，思考美的問題，才悟到美與文學、藝術的關係並不是必然的。美學家則習慣於自文學與藝術的制高點向下看，並把整個文、藝的人文價值用美學來貫通之，並一律涵括在美學之中，美的問題因而就複雜化了。他們並非有意把美神秘化，而是他們的視點太高，想把文學、藝術的價值涵括在美學之中，才產生這樣的後果。

美學家們統合此種複雜內容的說法，以李澤厚先生的悅耳、悅目到悅心、悅意最為貼切。他把具體有官感反應的美，稱為悅耳、悅目之美，把不容易界定的情、意的反應稱為悅心、悅意之美，是勉強可以解釋得通的，然而偉大的文學與藝術真正「悅」你的心意嗎？喜劇會使我們有喜悅的感受，對悲劇的感受也可以稱為「悅」嗎？不但是西方的悲劇，即使是崇高，為西方美學家們再三論證，只能有敬畏感，怎能稱為「悅」呢？難道人類有被虐狂，非在心靈受挫折之後才有喜悅嗎？

不只是西方美學，在中國的詩文中受道家影響的隱逸精神，雖可與悅心悅意相通，用「悅」字來解釋也是嫌勉強的。我會用「適」字來描寫這種心理狀態，可稱為「順心適意」。「悅」字在此未免太強烈了，明明是在廟堂上有志難伸，才退居山林，以詩文自娛。這時候，只能通過心性的修養，使自己平靜下來，以詩言志，已經很難得了，怎會有喜悅的感覺呢？真正能因「深林人不知，明月來相照」而感到喜悅的詩人，恐怕萬不得一吧！所以中國古代的詩人難免予人矯揉造作之感。

「文」就是優美

那麼這些高檔的文學與藝術中有沒有美呢？

當然有的。文與藝這兩個字都有美的涵義，但是它們的美，都是美學家們不屑談論的技藝部分。我們今天把「文」字看得很偉大、神聖，因此「人文」時常被濫用，其實原來的意思只是文飾。比如鄉下粗人說話不好聽、不客氣，城裡文明人說話注重文雅與禮貌。前者是「質」，後者是「文」。前者是直來直往，後者則在聲調、用語、神態、動作上講究，使聽者感到舒服。兩者的內容是一樣的，只是經過文飾後，予人以愉悅的感覺，也就是美感。因此修飾使之悅耳悅目，就是「文」。在英文中，是elegant與refinement的意思。換句話說，文，就是形式美。

不論是文學家與畫家，開始時都要學寫作、描繪，學的是技術，也就是文飾之法。一篇好文章，不論用語、遣字、組織、結構都很恰當，讀來令人感到理意順暢，而生美感。所以文章的美，也是一種形式。文化到了末世，常常因為太注重形式的美，忘記了內容，為人所詬病。六朝的駢體文是如此，明清的八股文也是如此。這就是文過於質，散文與小品文就是過分形式的反動。可是寫文章的朋友都知道，散文也是有章法的。

美學家們希望把文學與藝術的內容用美來討論，想把美神聖化，其實美只是愉悅之感而已。偉大的藝術成就遠遠超過美感，應該用其他的學問，比如哲學來討論。西洋的悲劇、中國的隱逸文學，都是生命的大學問，不論是對生命的體悟，還是對生命的感動，都不必要扯上美。因為用美來描述體悟與感動，只是混淆了美感的真義而已！

擴大美的範疇

可不可以改變美的定義，或擴大美的解釋呢？

當然可以，定義本來就是人為的。要這樣做，就要把一切正面的感覺全解釋為美。這樣就無事不可稱美了。這正是一般人利用「美」字的態度。中國人自古以來就把美解釋為好，外國人何嘗不然，他們經常對順心的事情高喊一聲beautiful！如果這樣解釋，除了悲劇仍然費一些周折之外，其他大概都可以說明清楚了。這樣的解釋可以稱為廣義的美，以與感官的美劃分清楚。

大體說來，藝術的內容都可以概括在廣義的美的範圍內。我在〈美感不是美學〉（見《漢寶德談美》）一文中曾畫了一個圖，美的同心圓，把美感分為五個層次，計為形式之美、功能之美、風姿之美、情性之美、思辨之美。這就是以廣義的美來論藝術的態度。其中只有形式之美是真正的美，也就是狹義的美，其他都是各種藝術所表達的感情或對生命的經驗，也就是內容。這些內容用美來形容並不十分恰切，但綜括為美，是大家所可以接受的。

但是當我們認真談美的時候，廣義的美是談不得的。比如我們談美育，希望國民有普遍的美感素養，就不能採寬廣的定義。西洋人在十九世紀推行國民美育成功，就是把美定義為視覺的美。我曾說過，蔡元培在民國初年提倡美育，是受了歐化風潮的影響，為什麼沒有成功呢？

一方面因為沒有認真執行，一方面他作為中國的讀書人，對西方美育偏於視覺的形式不能同意。他要把美育代替宗教，可想而知，他以文史哲的高度去看美，把美看成生命哲學了。這樣的美育要怎麼推動呢？

我國的傳統，重道而輕器，文以載道，故在廣大藝術的領域裡，文的重要性遠遠超過其他藝術。自文談美，必然忘記其形式之美，而以道為核心，這美就談不下去了，美育豈不成為人生哲學了嗎？這就是我國的美育，百年以來，一直無法有成效的原因。我不贊成擴大美的解釋是有階段性的。在我國，基本美感素養尚沒有普及化的今天，廣義的美感很容易模糊焦點。老實說，過去一個世紀，知識分子解釋美感，試圖把美感文哲化，其結果就是喪失了全民美育的機會。

美的水平面與垂直面

在我內心深處，我是贊成廣義美感的。可是美在生活上的水平面與在情思上的垂直面是兩回事。文明社會的生活無處不需要美，因此在生活面上展開，美是無處不存在的。

在生活中，環境就是無處不在的，是美感的來源。生活中所需的器物，自餐具、寢具、文房用具，樣樣都可以是美感的載具。我們生活中所必須的衣物、飾品，無不與美有關。伸展到精神生活，諸如娛樂、觀賞、閱讀，凡涉及工具的，即使是書本，也免不了有美的要求。這些是我所說的美的水平面，正是我們的社會所最缺乏的。我認識有些朋友，他們擁有最高學歷，在學術上頗有成就，甚至也醉心文學藝術，但在生活的層面，卻缺乏美的判斷力。為什麼呢？因為生活的水平面大多與「器」有關，由於太平凡了，我們不願意下工夫。

廣義的美，指的是垂直面。文學與繪畫的展現，其重點在情意，其實一切藝術多少都可以向情意方面伸展。以建築來說，其美感原本只是形式，其情境的創造，在功能之上，是極高層的思維。所以理論上說，每一種生活中的美感的載具，雖都以功能的滿足為目的，但都有向上發展為情意表現的可能。情意的展現，讀者或觀者的反應是感動。受感動的人除了對生命有所體會之外，也會感受到一種近似美感的舒暢，但它是脫離生命的、靈幻的。如果以生活的美感為基礎，它會放射出生命的光輝，如果與生活的美感脫節，等於苦行僧在洞穴中修行相類似，與美是不相干的。

我國古代的隱逸之士為什麼希望隱於山林呢？因為他們在品味生命的果實而以詩文自娛的時候，眼之所見為大自然的美。他們為自然景色的絢麗所動，才創造出美的文字，而這些文字又能表達出生命的體會。立足於生活的水平面之上所達到的垂直高度，才是我所希望看到的廣義的美感。很可惜，後世的作家發明了「隱於市」、「隱於朝」等騙人騙自己的說辭，把文學、藝術的垂直面與生活美感的垂直面切割，一切都成了謊言。這就是後世大部分的詩文連感動力都喪失的原因。

生活美感無可取代

我要再三說明的是中國傳統文化中重文的習慣並不是錯誤的，但不能取代生活中的形式美感。美感素養的教育非從生活面做起不可；這就是中國美育與西方美育分歧的地方，放著眼前的美感不談，卻吟詠風花雪月，是無病呻吟，既無助於美感的提升，也無補於精神的飢渴。

一旦在生活層面有了美感素養，在精神面上就有向上垂直發展的動機，對於文學與藝術的思想內涵亦可以有真誠的掌握。王維是身處深林中，才有「明月來相照」的名句，其意境的高度是由美感的親身體驗中得到的，豈是無病呻吟的文人所可理解！

自極簡中尋找美

在今天這個富庶的社會裡，我們的文化病是東西太多，不是太少，要治這個病就要減少，就要丟棄，就要拋棄貪念。

讀過《漢寶德談美》一書的朋友通常會告訴我，他們覺得〈美從茶杯開始〉那一篇最有趣，這是因為一位認真的讀者非常希望從我的文章中讀到如何提高自己的美感能力的具體建議。我寫了很多對美的看法，甚至辯解，說了很多是什麼、為什麼，只是沒有提到怎麼做。〈從茶杯開始〉好像提示大家一個方法。說起來慚愧，其實在那篇文章裡，我只告訴大家，美的修養要自生活最貼近處著手，並沒有打算告訴讀者一個進修的方法。

為什麼我對方法避而不談呢？這豈不是空談嗎？

我要說明，這些文章的目標讀者原本不是一般大眾，而是對美懷有憧憬的知識分子。特別是張口閉口談美，甚至從事學校或美感教育的朋友。我要向他們辯解的目的，是希望他們拿定方向，不要被一些隨意濫用美的文字模糊了觀念。因為不能明確的知道美是什麼，想建立一個愛美的社會是不可能的。

換句話說，我希望通過我的文字，直接、間接使從事美感教育的朋友們先建立正確的認識。大家有了一致的看法，才能坐下來談出一個具體可行的教育方法，通過有效的教育方法，才能使社會大眾逐漸建立審美的能力，享受美感生活。在這裡，我沒有意思對大眾扮演聰明教師的角色。我認為美感生活的普及與審美能力的培養，要經過課堂教育的講授，與社會教育的潛移默化去完成，並不是讀幾篇文章就可學會的。

我不是逃避責任，因為美不是一門學問，雖有美學之稱謂；它是一種修養，要點點滴滴的累積。即使課堂的講授不免說理，這個「理」也要通過真實的體驗，才能深透到骨髓裡，成為生命的一部分。我要告訴各位，美因為不是一門學問，所以它不能經由熟讀、記憶而學到；也正因如此，你一旦掌握這種能力，也不可能忘記，而終生受用不盡。它比較近乎一種技能，學起來很慢，而熟能生巧，一旦出師即身心合一。可是技能的「技」字與手有關，所以長久不用就會生疏，衰老也會使能力衰退，美感一旦養成是不會生疏與衰退的，除非感覺的能力喪失。

它比技能更緊密的與靈性相結合。

美感自整潔開始

然而還是不免有人要我回答如何開始養成美感習慣的問題。問多了，我就不免感到一種責任。比如有位讀者問我，真的只要在選擇茶杯的時候，多看多比較，就可以使自己的審美能力自然提升了嗎？我相信是這樣，但有一個條件，在看的時候要抱著批判與欣賞的態度。然而什麼是批評的標準呢？為了批判，總要有一個開始的立場，人真的是自出生以來就帶有審美批判能力的嗎？

這類的問題使我覺得不能不對一般讀者提出一些建議，做為美感素養修為的基礎。我想到簡潔二字。既然是打基礎的工作，不能不考慮到簡明易懂，而且自生活方式開始。審美的原則很多，有哪一個原則具有這兩種條件呢？只有簡潔。

為什麼簡潔是美感的原則呢？這要分開來看，簡是簡單，潔是整潔，先看「潔」。

整潔是整齊、清潔，整潔就是自乾淨到井然有序。現代文明進化的歷程，在生活中求整潔的原則是重要的指標。落後的國家，或一個國家中比較落後的地區，最明顯的特色就是髒亂。

凡髒必亂，人民不愛乾淨，生活環境必然雜亂，最令人難以忍受。當生活開始改善時，第一件事就是講究清潔，先處理手臉身體的清潔，食物、衣服的清潔，再及於環境。其首要效果就是衛生。所以落後國家的政府推行現代化，第一步就是要求人民注意清潔、衛生，我國在抗戰時頒布「青年守則」十二條，其中一條是「整潔為強身之本」。強國必先強身，整潔成為愛國行為了。在政治人物的眼裡，沒有看到整潔的美感內涵。其實美感與健康是同時存在的，在文明進步中，它們是孿生兒。

西洋文明的美感是自人體美出發的，如果沒有潔淨的觀念就沒有人體美。幼童之臉洗淨，才有稚氣之美；少女的身體洗淨，才有青春之美。希臘的美感是建立在健康有力的男體上，沒有清潔，沒有光亮的肌膚，美感何由而生？所以洗澡是古典文明的一大要件，古羅馬人到處都建設大規模的浴場，就是滿足人民對清潔的愛好。他們使用白淨的大理石裝潢建築，是要創造一種潔淨的環境質地，必須經常保持清潔，才能顯現出其質地之美。他們把身體之美投射到建築上去，其基本要件就是常保潔淨。

在人體之外，生活環境之清潔常常與秩序不易分辨。一個懶散的人，居處雜亂無章，就予人以不清潔的印象，因此才髒、亂並稱。大凡習慣雜亂的人大多也習慣於骯髒，隨意亂丟衣物的人，必然不太清洗衣物，也少有常常洗澡的習慣。西洋古典文明被蠻族消滅，歐洲墜入貧窮與髒亂，度過近一千年沒有健康與美感的黑暗時代。希臘、羅馬那種井然有序的城市與建築，也為狹窄、曲折的小巷與隨意堆砌的房舍所取代。中世紀的歐洲，數次幾近為傳染病所消滅，他們所能做的，只有盲目的祈求上帝饒命而已！真正挽救歐洲文明於不墜的，反而是潔淨的水源、整齊的街道、寬敞的廣場。

以整潔與美感著稱的文明，最好的例子，在東方是日本，在西方是荷蘭。在歷史上，兩國都不是富有、強大的國家，但他們以不同的方式發展出愛好整潔的文化。日本人席地而坐，使他們不得不保持整潔，養成一塵不染的清潔習慣，同時他們發明了標準化的蓆子尺寸，創造了空間的秩序。由之，他們培養出對美的敏感，遠遠超過他們學習的對象：中國。

在文藝復興的後期，歐洲文明的復興受到君王強權與教宗霸權的夾殺，倒是在荷蘭這種夾縫地帶，純自貿易致富的中產階級成為文明的新動力，他們是因為要以貧窮社會中有限的空間，建設有尊嚴而富有的中產社會，才必須嚴格的要求清潔。又因為對清潔的要求，才必須追求整齊的秩序。自平凡中找到的美感，使荷蘭人在那個時代產生了好幾位國際級的畫家，並且使這個小小的國家，一度支配了東亞的海域。

簡單之美

在美感的素養上，整潔是必要的條件，簡單則不是。大自然的美常常是繁複多變的美。春天的花，萬紫千紅，上天何嘗獨尚簡單？然而我為什麼建議初學者以簡單為審美的入門之階呢？

理由有二。其一，人類欣賞繁複之美，出自天性，不學而能，沒有必要再予強調。如花團錦簇，人人均感其美，自王子至於庶人，無不如此。上帝賦予人類的原始美感，包括豐富在內，所以凡數量多的東西，自然產生美感，故有「數大為美」的說法。如一粒水果有何美可言，一籃水果，立刻產生美感，這是生存所必要的貪念背後的動機之一。它與財富糾結在一起。

這就是為什麼古代的王公貴族都喜歡繁複之

極簡美學：簡潔的空間與壁面才能呈現藝術品的美感。

美，在衣食住行上大事舖張的原因，也是為什麼市井小民看到華麗的貴族生活都痛恨不已的原因。

二十世紀初，有一位著名的建築家Adolf Loos提出「裝飾是罪惡」的說法，他認為在用具上、衣物上，甚至建築上加上金碧輝煌的裝飾，並不是了不起的文化，而是野蠻的象徵。非洲的野蠻民族紋身的風俗，連赤裸裸的身體都要加以裝飾，有何文明可言？而西方古典文明中，希臘、羅馬的衣服，即使是貴族也不過白袍一襲而已。因此裝飾不是高貴的文明產物，是野蠻與貪婪的產物。繁飾之美是罪惡，是文明人應加唾棄的！

| 極簡建築，瑞士巴塞爾的鐵道調度站。 |

如果我們要把原始的、附麗於物質上的美感提升到精神的層次，

首先就要把它與純物質隔離。在過去，大部分人都不是富有的，沒有奢華的能力，豈不要與美感絕緣？其實不然，自簡單中尋求美感，才是精神生活中的美感，真正的人類文明的結晶。

另有一位建築家順著這種想法，提出了一個膾炙人口的觀念，「少即是多」（Less is more.），專蓋玻璃盒子，影響現代建築數十年，至今不衰。這一觀念產生了現代社會上的極少（有人譯為極限）藝術與極少建築。可是這是一句哲學味很濃的話，即使事隔半個多世紀，仍然不容易明白。

「少即是多」，在表面上是矛盾的，揣摩他「少」「多」的意思，「少」指的是物質，「多」指的是精神。懂了這個道理，這句話就是經典！物質上的匱乏就是精神上的豐盛。反過來說雖不一定真，即物質上的豐盛不一定是精神上的匱乏，但有潛在的危機存在，物質會使人腐化。回到我們的主題上，要培養美感，促成美感的昇華，就要從簡單中尋找，以少量的東西達到充實精神生活的目的。近年來，台灣文化界發明一個觀念，即是用加減法來解釋少即是多，要以減法來提升美感。在今天這個富庶的社會裡，我們的文化病是東西太多，不是太少，要治這個病就要減少，就要丟棄，就要拋棄貪念。

減法美學

用簡潔之法來開始培養美感，就是先養成以減法養生的習慣。潔字是對比較貧窮或比較懶散的朋友們所開的方子，是減去髒亂的無用之物。他們要談美，先要丟棄廢物。消除垃圾，洗淨塵垢，心情就有審美的準備。清爽是第一要義，不必要香味，先去除惡臭。

對於一般生活富庶的朋友們，潔字之外，要強調簡字。古人說「儉以養廉」，在生活中儉即簡，含有道德的意味。簡是不多餘的意思。如果你有購物癖，或收藏禮物的習慣特別要注意，東西多到家裡雜亂無章，減法是希望你不再買些多餘的東西，送走已有的不必要的東西，恢復一個井然有序的生活環境，如果捨不得丟，就弄一間大倉庫，務使多餘的東西不在眼前出現。

簡潔之目的是先在心裡創造一張白紙，做好美感的準備，住處要方正，光線明亮，地面、牆面的材料要便於清潔，平整而無彩，以白色或淡色為上。家具不能太多，而且花樣不能多，以北歐式家具為宜。近來流行玻璃鋼架的桌子，是受極簡美學的影響，做到這一步，對於已有設備齊全的住處的朋友們是很困難的。

我沒有意思推銷極簡美學，但對審美素養的入門者，先品味簡潔之美，才能深入的探討自己特有的美感潛能。從家徒四壁開始，先體會乾淨牆壁之美，再決定掛一幅畫或一張照片，一定是色彩簡單，形象單純的作品。這張畫要尊重這面牆壁，要為這個房間而存在。即使是大藝術家的作品，如果不能做到這一點，也是俗物。一個懂得美的人是無視於畫家名氣，不計較市場價值的。只有從極簡的氣氛中，才能使你靜思，使你超越物質世界的價值，進入為美陶醉的領域。桌上瓶裡的一枝花也許勝過一束昂貴的花朵。

這時候你再去賣場選擇一只茶杯，心裡就有一把尺了，你選的不是裝飾花樣，不是奇形怪狀，你尋找的是簡潔之美，為你的美感生活邁出第一步。

形式美與內容美

形式美的基本原則是很簡單的，是學藝術的人所上的第一門課。它的難處不在深奧，而在於素養。如同圍棋，其原則簡單到不能再簡單，可是要掌握到精神，成為棋士，可能是終生的志學，而且永無止境。

我談美，總是談形式之美，極少涉及內容之美。這一點使我的朋友極感不滿，他認為這個世界已經夠膚淺的了。世人追逐浮華的生活，不肯深入的體驗生命，已久為智者所詬病，為什麼我不能多談談形式之外的屬於性靈方面的美感，卻鼓勵大家重視外表呢？

我一再的辯解，美的形式，是美感的根本。可是不能把十里洋場的燈紅酒綠與美混為一談。恰恰相反，浮華的生活中固然極少道學先生們所說的那種美，也絕少我所說的美。這正是我盡我微薄之力，大聲疾呼，希望提升國民美感素養的原因。只有真正自形式中感受到美，才能消除麻醉官能的、墮落的消費文化。自形式美中得到的，是精神的滿足；這是宗教與藝術不可分的原因。

內容不能脫離形式

我要承認，內容涉及於生命，比形式重要。問題是談到美，離開了形式，內容在哪裡呢？寫實的繪畫通常是重視內容的，一幅表現春天愉快氣息的畫，必然會使用輕快的線條、明亮的色彩、溫暖的色調。這些都是形式的要素。沒有輕快、明亮、溫暖等感覺，春天的氣息就表現不出來了。如果出於沉悶的色調、粗重的線條，即使畫的內容是鳥語花香，也不可能令人感到愉快的。這是大家都明白的道理。

大家都知道畢卡索在年輕的時候，有幾年畫畫喜用藍調，被稱為藍色的時代。那時候的畫，不論內容為何，都有一種憂鬱的氣氛。他畫了一幅《雜耍藝人之家》，照說這樣的題材，應該活潑熱鬧才是，可是他用藍色為基調畫出來的這一家人，有老少男女六人，穿著各種顏色的衣服，但卻都有一副漠然的表情。年輕的畢卡索好像從這些強自歡笑以賺取生活的人們身上，看到人生悲苦的現實。因此連孩子的面孔也沒有透出一絲歡樂。他表現出這樣的內容，感染了我們，所靠的正是藍、灰色的基調與斷斷續續的輪廓線。那麼，美在哪裡呢？

依傳統的看法，這幅畫所呈現的整體氣氛，所給我們的感受，以及傳達的生命體會就是美。我知道這一點是很重要的，因為自十九世紀末以來，藝術的功能就是要傳達藝術家的理念與情懷，逐漸與中國古來的「詩以言志」的觀念相連通。美，好像已經不再重要了。形式只是為了幫助內容的呈現而存在的。

然而形式的美完全不代表任何意義嗎？

這是說不通的。如果只是為了言志，為了抒情，為什麼寫詩呢？為什麼要畫畫呢？那是古人在還沒有懂得情與志的時候，在愛美的衝動下創作出來的。詩大概是從民歌之美中發展而成。古老的詩經文字，雖經道學先生強解，可以感覺到是原始的感情經由悅耳的音韻傳達出的美感，原來只是好聽的情歌。由於好聽、好看，大家才會喜歡聽、喜歡看。形式的演變也是隨著時代的好惡而改變的。可是愛美的動機卻沒有改變。這是文化發展的基本動力。

我不懂詩，可是我知道古人寫的詩幾乎無法計數。這是因為自漢代以後，文人們就把詩當成言志的工具。可是汗牛充棟，有價值的很少，所以後人選的好詩就有限了。唐代近三百年的歷史，唐詩才選了三百首。而真正人人都上口的，更沒有幾首了。什麼是好詩？在我看來就是內容與形式之美和諧無間的作品。好詩才是藝術品。

繪畫的形式美

內容要通過形式來得到共鳴。一首詩內容再精采，如果念起來老發生舌頭打結的問題，聲韻又不入耳，如何能廣被讀者接受？無法接受怎能稱得上精采？

回頭來看看畢卡索的《雜耍藝人之家》。這幅畫的價值不只是它所傳達的情意，而且是它在色彩上的和諧美。看上去好像是對比的顏色，卻能融合在藍調之下，呈現多彩的統一。這幅畫的美感建立在此基礎上。

這畫的形式美不止於此。繪畫的形式最重要的是構圖，也就是隱在形象後面的幾何關係，這幅畫的構圖是以下垂的曲線為主軸。自畫面的左上角到右下方，有一條你看不到的線，是畫中人物排列的關係：把他們的面孔連起來就是了。這條線控制著畫面的氣氛，有一種潛在的力量，就是形式的力量。用下垂的構圖來表達憂鬱的氛圍是這一幅畫成功的重要因素。如果把人物的排列，自左下角向右上方漸漸升起，就是意氣昂揚的構圖了。

畢卡索：〈雜耍藝人之家〉。

在這條主軸之外，可以看到畫中有很多隱藏的或輕微的線條，比如背景土坡的輪廓，都是自左向右微微下垂的曲線，畫面中央兩個男孩子的腳的排列也是如此。構圖的考慮是媽媽坐在右下角的原因。

畫面的形式美很重要的是平衡。在古典的形式中，是用對稱的方法得到絕對穩定的平衡。人類普遍的喜歡對稱形式就是這個原因。可是比較重情緒的民族或個人不喜歡四平八穩的對稱，而是以動態的構圖來表達感情。但是構圖可以不對稱，不能不平衡。這是生存在地平面上的人類所共有的感受。不對稱要達到平衡，就要把中心點偏移，等於一具秤，用秤砣的遠近來平衡物品的重要。

回頭看這幅畫。祖父飾演的丑角，在藍色基調的畫面上是濃重的紅色，事實上成為畫面的支點，也就是視覺焦點。在他的左邊是顏色濃重的爸爸，連他身後的土地都是濃重的，他的左邊像一個秤桿，色彩輕淡，連大地也變得明亮了。媽媽是秤砣，離開支點最遠，分量也最輕，因此使這幅畫得到動態的平衡。

我分析這幅畫實在是不得已的。因為畢卡索本人可能只是不自覺的畫出來了，並沒有這樣去算計。但是要談內容與形式的關係又沒有更好的辦法。我要說明的是，一位偉大的藝術家也許不懂得這些道理，但他的天分會自然的讓他掌握了形式的要義，自然的利用形式的力量來增強他要表達的內容。

內容之美就是感動

形式美的基本原則是很簡單的，是學藝術的人所上的第一門課。它的難處不在深奧，而在於素養。這個意思是說，原則雖然單純，卻不是一學就會的。要能深刻的體會，內化為我們人格的一部分，是很不容易的。如同圍棋，其原則簡單到不能再簡單，可是要掌握到精神，成為棋士，可能是終生的志學，而且永無止境。對於一般人，高段的棋士，勝負不過是一子之差的精密度是無法想像的，形式的美感也是一樣。所以我們在審美上下工夫，目標要以嚴肅的態度，培養感覺的敏感度。「素養」就是素常的修為。一般人不可能達到極高度的敏感水平，對於日常生活，有一般的素養就享用不盡了。

那麼內容之美又如何呢？

前文說過，內容涉及於生命，千變萬化，是沒有辦法用原則來規範的。至於它的美，能否稱得上美，則是見仁見智的了。

比如我們看一個愛情故事，男女雙方破除種種困難，對抗外界的壓力，終於結為夫妻，在他們互相擁抱時，有人感動得流淚，認為這故事太美了。然而另有一個愛情故事，同樣的經過種種波折，到了眼看可以結合的時候，忽然有一方因故死亡。同樣的，也有人感動得流淚，為故事中主角哀傷不已，認為美不可言。兩種不同的結果都是美，美究竟是什麼呢？我認為在對生命際遇的體驗上，共通點就是感動。因此大膽的說，內容的美就是感動。內容的美之所以見仁見智，因為人類對生命的體驗是不相同的。有人為喜劇感動，有人為悲劇感動。

我曾經思考感動能不能稱為美的問題。對於大多數人，包括一些學者，感動是藝術的目的之一，因此感動就是美。可是我覺得，感動所涉及的範圍太廣了，在人生中能使我們感動的不是藝術，是真實的人生，是喜怒哀樂。為了不要模糊焦點，我傾向於排除感動是美的定義。在這個濫情的時代，令人感動的不太多了。

形式與感動有沒有關係呢？

在西方早年的美學裡，有所謂雄壯之美，崇高之美的說法。那是要從形式上找到感動，以便使感動與美連上等號。雄壯與崇高都是形式的特點，比如我們面對一座高山，就有「高山仰止」之嘆，高會使我們感動。雄壯有堅實、厚重、巨大的意思，我們看范寬的名畫：〈谿山行旅〉，他畫的山不只崇高，而且雄壯，使我們感動。人類是渺小的，不但面對高山會感動，面對浩瀚的大海或一望無際的大漠也會動容。所以美學家就認為高大是一種美。

這是相當幼稚的美學。人類面對龐大而不能控制、掌握的景象，會有所感是很自然的，要把這種感動視為美感，那「美」就未免太廉價了。今天我們常常要求「小而美」又如何解釋呢？所以在感動與美之間劃清界線要妥當些。

形式與內容的分際

一般說來，以形式美為主體的藝術，我們稱之為藝術，以內容的感動力為主的藝術，我們稱之為文藝。前者如同美術、音樂、舞蹈，表演，是屬於藝術學院的範疇；後者如同文學、戲劇等，是屬於文學院的範疇。現代對藝術的定義越來越廣闊了，甚至政治與軍事都可稱之為藝術，所以藝術與文藝間的界線越來越模糊。藝術是用形式來呈現內容，文藝則是以形式來強化內容。前者失掉形式美，藝術就不存在了，後者沒有形式美，只是減低它的價值而已。

這就是「美」引起很多紛爭的原因，有些把美看得太過深奧的學者，喜歡以文學為基礎來談美，也就是用感動來代替美，因此美就成為一個可以隨意使用的字眼，失去了明確的意義。

文學中的形式美，比如文藻之美、音韻之美，組織與結構之美，其實也是很重要的，只是很容易被內容的感動所蓋過，不為人所重視而已。

說到這裡，不能不提一提與文學有關的意境。我曾在討論意境美的文章中，指出意境之美就是「澄懷觀道」、心情得到紓解，理念得以通達，美，是來自情與理的「爽」字。這是以心理、生理的連鎖反應來解釋美感。其實這種美感是與感動可以連通的。只是澄懷觀道之美，是一種高度素養才能得到的美感，而眼淚鼻涕的感動是一般大眾的情緒反應而已。也就是說，如果藝術的內容創造出超凡的意境而進入美的境界，是超越世俗感動的，對生命的體悟。

自藝術中找美

對於有美感素養的人，牆上掛一幅畫，先不考慮其內容，且先看室內的環境與家具布置，為的正是要選一張可以與室內氣氛相配的畫。這就是室內設計師為人代勞時的選畫原則。

這幾年來我談美，有一個重要的前提，就是與美學劃分清楚，與藝術劃清界線，把美當成一個獨立事件來討論。有些朋友讀我的文章，仍然不明白我為什麼不肯從藝術上談美。其實美學的名家，大多是自藝術上談美的。我不談，一方面是我特有的看法，一方面也因為無此需要。大家如果要讀藝術欣賞的文章，蔣勳兄寫得精采，而且寫得很多，我實在沒有插手的必要。

我一直認為藝術的價值是多元的，美是其中的一個條件，把這些價值都視為美是有問題的。所以我不願在這方面多費口舌，但是如現代藝術的理論家拜爾（Clive Bell）先生硬把形式的美感之外的價值排除於美感之外，似乎太過分了，難怪引起後來的評論家嚴厲的批評。我所持有的看法是獨特的，曾在〈美感不是美學〉（見《漢寶德談美》頁一七二）一文中用同心圓的方式表達出來。我認為形式的美感是最基本的，形式之外，在應用藝術上，為功能之美，在文學與藝術上則為風情之美。但在形式之外的美感，嚴格說來並非美感。

自一幅畫談起

如果你買了新屋，準備在客廳裡掛一幅畫，要怎麼選擇呢？就應該先取其美感，再看其內容。只這一步，就需要美感素養才做得到。十幾年前我常看到台北的街頭陳列出書畫供人選購。其題材大多是五彩牡丹，或多福多壽之類的字屏。在那時候，市民的素養與財富都比較差，大家花不太多的錢買個吉利回家，掛在客廳的正面，室內就顯得喜氣洋洋。今天看來就有些俗氣。大凡缺乏美感素養的人，會先看其象徵意義。他們會把討喜的意思當作美。由於討喜的意思是通俗的，所以這樣的字畫看上去俗。

對於有美感素養的人，牆上掛一幅畫，先不考慮其內容，且先看室內的環境與家具的布置，為的正是要選一張可以與室內氣氛相配的畫。這就是室內設計師為人代勞時的選畫原則。

｜ 明末清初的小罐，以牡丹花為飾。｜

他們大多選圖案性作品或抽象畫，是避免有強烈內容的暗示，造成與屋主的價值相衝突。他們所看的是大、小尺寸與牆壁的比例，色彩是否和諧，畫面的性格是否與家具相對話。對藝術家而言，這是很不敬的行為。有一次我向一位書法家朋友要一張作品，指定大小、尺寸，不在意其文意，這位朋友認為我是用來「補壁」，不是要一件藝術品。其實中國古人求書畫，大多是「補壁」。所補不一定是牆壁之空白，有時柱子上也要對聯。求字畫的人甚至準備了帶顏色的紙。這就是先有形式之美的做法。只是古人的室內布置千篇一律，不免落入俗套而已。就室內美感而言，畫框比畫還重要。

那麼牡丹花就不可能美了嗎？

不然。牡丹花是俗些，但不一定不美。牡丹是最豐滿、富麗的花，所以牡丹是美的，問題出在畫上。我的畫家朋友袁旃女士用宋人法畫工筆牡丹，極雅致可觀。她的花朵與綠葉的配置以及背景的顏色，甚至畫框的設計，都是配成一體的。一般畫工的牡丹花，只用紅、綠、紫等畫些花朵，用制式的畫法配上枝葉而已。舉例說：花是上帝的造物；無花不美，為什麼還要插花呢？插花是一種用花為題材的藝術，用枝葉、花具的安排來呈現其美感。再美的花，丟在垃圾堆裡有何美可言？一個有高度美感素養的花藝家，即使沒有花，只有枝葉，也可插出美感！

把花朵以不同的方式安排在瓶子裡，或畫幅上，是形式之美，但同樣可以感動人。這種感動是直接對感官產生影響，我們稱之為感覺，是英文中的feeling。它的感動力來自人生的經驗。比如一張畫中畫了一朵大牡丹花，就給我們堂皇富麗的感覺，畫了一些枯枝上一朵梅花，就給我們孤寂清高的感覺。正因為形式可以喚起我們的經驗，抽象藝術才能盛行。在這裡，形式與內容是不分的。有了美的形式，自然就有某種感覺，而感覺就是內容。

形式美重在感覺

然而大多數人並不滿足於純粹的形式美感，他們希望有更具體的內容，認為有內容才有深度。即使有美感素質的人，在形式美上多所挑剔之後，還覺得不夠，所以才有蓬勃的藝術市場，所以寫實的藝術即使在抽象主義盛行的時候，仍然受到大眾喜愛。

人類是需要感動的。僅僅感覺帶來的感動太輕微了，太文雅了，對多數人而言不夠深刻。越是知識水準低的人越需要感情的滿足。所以過去的鄉下人很容易為戲中人痛哭流涕。要在情緒上被感動，必須是人間的故事，而故事的表現一定要寫實。寫實的手法表達出的故事，就是一般人所說的內容。這種具體的內容，有些美學家認為應該稱之為題材，以免與感覺的內容相混。

藝術品中表現出的故事，不一定非真人出現不可。可以是自然物，甚至是無生物，透過移情的方式表達出來。再以牡丹花為例，只有花朵如何表現感情呢？你沒有聽說「花亦有情」這句話嗎？花是有表情的。在藝術家的筆下，花與人類一樣有喜怒哀樂。過去在地攤上買到的牡丹花作品是匠人畫，不但沒有構圖，也沒有表情，只有形象。可是在有情人手裡，花朵可以挺然特立，可以綻出燦爛的笑容，可以垂頭喪氣，可以花瓣飄零。這些現象都是我們在自然界看過的，呈現在畫面上，就會觸動敏感的觀眾的感情。這種感情發自人生際遇的感嘆，也可以稱為情緒，有人稱之為情感，以別於純來自感官反應的感覺。在英文中，是emotion這個字。多情善感的人，我們說他emotional。

我們要注意，美是一種感覺，不是情感。由情感得到宣洩而產生的舒暢感，是詩情之美，但這種美感很容易與宣洩的過程中的故事相混。因情而感，情並不是美，感才是美。如果故事中所傳達的情緒，不能產生舒暢的感覺，就不能稱為美感。現代繪畫作品中常常喜歡表現令人不愉快的感覺，是故意要與美感劃清界線的。

你為自己選一幅畫，如果是為了美化生活，人生向正面看，要選一幅形式美、畫面感覺愉快、呈現的形象又有歡樂氣氛的作品。這種畫是一般人所喜歡的，因此如果不在形式與感覺上把關，很容易落入俗套。因為人太喜歡聽故事，太容易流於情緒，所以知識水準高的家庭，總喜歡選擇抽象或半具象的藝術品，以避免真實故事的影響。美學家所提倡的「距離」說，在這裡是用得上的。

內容美重在感動

西洋傳統的美學家在欣賞繪畫時，為繪畫的題材所感動，不肯把感動當作價值來討論，要把感動轉成美，稱之為寫實美、悲劇美等。這就要花些口舌，其實是不需要的。藝術家創作的目的是感動，其作品能感動人就是好的作品，反之就是不成功的作品。感動的價值在我看來就是詩情，古人說「詩情畫意」用詩來表達形象與用畫來傳達詩情是相通的。所以感動的價值判斷在於詩情的境界之高下。所以當我們說一幅畫的形象很美的時候，實際上是它的詩情境界很高。這就是為什麼，欣賞藝術與創作一樣，都要有高度人文修養的緣故。

因此一幅畫有具體而複雜的形象，其實是比較不容易欣賞的，如果是外國的人物故事畫就更困難了，必須具備足夠的背景知識，對一般人來說，畫的主題越簡單越好，自然景物比人物好，就是因為有共通、共感性。當然了，自然物也需要人文背景，要真正體會，不但要知識背景，而且要有一定的心智水準。

麻豆林家的門楅裝飾。

說到這裡，我要略加闡述藝術與民俗藝術的分別。我們都知道藝術是高水準的創造物，是藝術家的作品；民俗藝術是民間約定俗成的產物，是匠人的手藝。可是有時候不易分辨其外在的形式，尤其是繪畫，使用的工具相同，材料相同，甚至筆法也相同。中國南方，包括台灣，建築上使用很多繪畫作裝飾，都屬於民俗畫，它們與藝術家的創作有什麼分別呢？除了在繪畫的技術上缺少專業水準之外，主要反映在心智的表現上。民俗畫的內容大都是民間可以理解的象徵，熟知的故事，反映了傳統信仰與道德的價值觀，所以常千篇一律。而真正藝術家的創作則為情性的表現，不落俗套。必須有高深的生命覺悟才能接受。為什麼過去對於宮廷畫家的作品評價不高呢？因為他們為了阿諛帝王，常使用熟知的象徵，使作品呈現民俗畫的意味。

今天是多元價值的時代，我們不能再低視民俗藝術的價值。相反的，由於民間直率的表現，民俗藝術是真誠的、素樸的，反映明確的內涵；這是另一種境界。三十年前，台灣民間開始拆除老屋建新屋的時候，大量的建築上的民俗品流入外國人及城市知識分子的家庭中，都當成藝術品，掛在客廳的牆壁上，就是因為這些人厭倦了藝術家的矯揉造作的作品，寧願向民間尋求清新的趣味。

先選形式為重

說到這裡，我要把話題拉回來，把閱讀一件藝術品的程序從頭說一遍，以免大家亂了方寸。

看畫自外向內看，先看環境，這幅畫與它存在的空間是否協調，它如何裱裝，畫框如何，都是烘托藝術品重要的一環。過去美術館展畫與市肆上的烤鴨店一樣，成排的掛在牆上，失去了美感的基本條件，達不到欣賞的效果。近來大家慢慢注意到展示環境的重要性了。考究的展示，要為藝術呈現的效果而設計，甚至改變裝裱與畫框，這一步雖與藝術品無關，卻與欣賞的品質有關。

意定情閒，你可以看畫了。首先要遠看，目的是欣賞其形式美。看顏色、明暗、塊體的分配與相互關係，也就是構圖。每一幅畫都應該先是抽象畫。構圖能吸引人才是一幅好畫。傅抱石為國畫界所尊崇，不過因為他把構圖的妙用與技巧引進國畫中而已。

略走近些，你可逐漸感受到構圖給你的感覺，天際線偏下面，人世顯得渺小，偏上面，土地就顯得偉大。一座山放在畫幅中間，就予人莊重威嚴之感，放在畫幅邊緣，就予人空靈輕快之感。顏色或墨色的濃淡，畫面留白的多少都產生不同的感覺。為這種感覺所吸引，才是欣賞入門之途徑。到此，是美感領域的邊界。

再走近些，你可以看到故事題材了。人物的表情，人物與人物間的互動；自然物的姿態，季節的風情，都是可以感人的。這就要因不同的畫家與不同的作品而異了，無法在此多加申說。如果你是愛美的人，可以不必在乎題材的描述是否感人。你需要是一個文學與戲劇的欣賞者，才能跨越形式美的界線，進入詩情的領域。

現代在藝術止於美感，後現代突破此界線，進入哲思的範疇，越發不是我願意置喙的了。如果你不願介入當代藝術的是是非非，就應該在形色之美上考究。在生活的層面可以學我，先在民間藝術上著手。古建築的門窗槅扇是天然的優美飾品，建築的雕飾，加上巧妙設計的框子，可以當畫掛，這些在飾物店裡都可以買到的；至於其內容，無非福祿壽喜、吉祥如意，只要你可以接受民間的趣味，何不試試看呢？

欣賞質感之美

粗糙代表生命的過程，像耕耘者的步履一樣，是虔誠者體會到的美感。然而，通達理性，今天更多人相信法國南部鄉村教堂的美，遠超過巴黎附近富麗堂皇的大教堂……

要進入美的殿堂，首先要突破精緻與粗糙的界線，欣賞質地的美感。

人類愛美，天生喜精緻而惡粗糙。這是因為精緻就是細軟，有利於生存的物質大多細軟。我們的皮膚喜歡光滑柔軟的感覺，因為細軟的東西是溫暖而舒服的。美麗的女孩子，皮膚柔軟細嫩，吹彈可破，使男性有觸摸的動機，因此為化妝品工業創造億萬的商機。不但皮膚的觸覺喜歡細軟的感覺，口中的觸覺更是如此。唇舌口腔的神經對質地特別敏感，可口的食物大多細軟。大致說來，柔軟又細緻的東西看在眼裡就是精緻。把觸覺轉變為視覺，就是向精神的領域推進了一步。

精緻的另一個意思是精巧。這是與裝飾之美有關的。人類天生喜愛美麗的裝飾，是愛美本性的一部分。花朵之鮮麗，有招蜂引蝶的作用；鳥之彩羽，有吸引異性注意的作用，都是為了傳宗接代。生物界爭奇鬥豔，越強者越美麗。在人類社會也是如此。有權有勢者才有在衣物、建築上極盡裝飾能事的機會。而裝飾需要精工細活，我們常以「巧奪天工」來描寫製作特別精美的飾物。

綜合以上兩點可知，人類對精緻之美的喜愛是天生的，我們不妨說，對精巧、細緻、光鮮明亮之物的喜愛是不學而能的。它是人性的一部分。古典文明之開始，就是發揮了精緻之美的內在需要，表達在宗教藝術上。

古典的精緻美

西洋文明之異於東方者，在於東方把精緻的需要表現在衣食等生活要素上，西洋則表現在藝術上。比如中國人最早發明了蠶絲，用絲織成綢緞，不但可以縫製成柔軟的衣物，絲如著色，更可以織成富麗的花紋。絲的觸感與女孩子的肌膚一樣的優美動人。而古希臘人只用一襲白布把身體裹起來就滿足了，完全沒有在衣服上下工夫。他們在雕刻與建築上可就大有講究了。

他們在這兩種藝術上都使用大理石為材料。大理石，尤其是純白色的大理石，是最接近他們的理想膚色的石材，大理石的組織多氣泡，因此是不反光的、溫潤的，如同中國文化中的玉，所以中國人稱白色大理石為漢白玉。古希臘人用這種材料雕出他們心目中最美的人體，然後加以打磨，使表面極為光滑，呈現無比的美感。因此希臘的藝術被稱為雕刻的時代。

不僅在雕刻上做到極為精緻，建築尤其精緻。大凡人類文明，到了考究建築的精巧時已經非常精神化了。因為建築的原始功能是安全與遮風蔽雨。古希臘在建築美上下工夫，以美表達對神祇的崇敬，所以建造神廟時，雕鑿出美的極致。雕刻是神，建築是神的殿堂。

為此，希臘的神殿使用白色大理石建造。是整塊的大理石，不是大理石貼面。表面琢磨細緻、平滑，使人有伸手觸摸的衝動。到了希臘文明的最盛期，所建的巴特農神廟居然沒有一根直線，以塑造優雅的感覺。為了達到處處恰如其分，使用一連串的手法，進行精緻化的作業。因此追求完美的精緻（refinement）就成為古典美的重要條件。

古典美之所以雅俗共賞，就是因為堅持了精緻美的要求。它自最人性化的精細、光亮，到人體美的轉化，是把美感自原始狀態提升到精神的層次。俗人至少可以欣賞它的光潔亮麗，雅人則在線條、比例、韻律上找到美感。前者是觸覺的，後者是視覺的；前者是物質的，後者是精神的。這也是古典美可以跨越社會階級，上自王公貴族，下至平民百姓，都可以欣賞的原因。由之，古典的藝術是美感教育最理想的工具。過去學藝術與建築的人要自古典雕刻素描學起，是有它的道理的。這是要自動手創作中，潛移默化，體會到精神層面的美感。

然而今天看來，以完美為目標的精緻美，只能視為廣大美感世界的一部分。

| 巴特農神廟上的大理石浮雕。 |

粗未必不美

以觸覺轉為視覺的素質稱為質地，也譯為紋理（texture），前文提到，物質的表面在手指

｜ 古希臘的大理石殿：巴特農神廟，是最雅致的建築。 ｜

的觸摸下，是喜歡細軟的。但不同的紋理有不同的觸感；文明進步，觸覺可以分辨很多不同的質地，因而產生各種不同的感覺。即使同為細軟也可分辨出毛皮、棉花、絲棉的差異。這種觸覺的差異反映在視覺上，是我們對周遭世界產生不同感受的原因之一。

自然界的萬物，因不同的原因而呈現不同的紋理。有極細密的，也有極粗糙的，由於表面肌理千變萬化，才呈現豐富的面目。通過觸覺的聯想變成視覺的元素，就產生截然不同的美感。可是在原始的狀態，人類是不喜歡粗糙之物的，接納粗糙必須在視覺上完成，也就是在精神上完成。這時候，我們不稱它為粗糙，稱之為粗獷或粗壯，並引申為豪邁等形容詞。

再以衣服為例，中國古代貴族的衣物以絲綢為原料，是細軟之最，幾乎看不到紋理。當時的平民穿的衣服以草類纖維為原料，稱為葛衣，摸上去是比較粗硬的。葛與麻製成的纖維，經過加工，也可以軟化，織成布料，供人之衣著，但紋理是很清楚的，不加工，則甚粗糙，如同喪禮時穿的麻衣。到了後世，棉花的種植發達，價廉而又紋理較細的棉布才成為民間的衣料。

西洋的衣服以毛為主要原料，所以向來是粗纖維的產物，但比較厚重而耐寒。所以西人習慣於看到有編織紋理的材料，不論是細緻加工的材料，或加工較少的材料，織理就成為衡量布料品質的一種元素。今天穿西裝的東方人也知道要按不同的需要來選料子的粗細，典禮用的正式服裝也許仍要細料，一般生活中，尤其是秋冬季的外套，需要較厚、耐磨的衣料，所以要美觀不能不考慮料子的紋理。因為在西方國家如義大利，織理的紋樣是衣料的重要條件，在設計師所掌理的範圍之內，是要與衣服的剪裁、式樣的新創同時考慮，互相配合的。

跳開細軟至上的審美觀，開始認識細緻有細緻之美，粗糙有粗糙之美，是通過美的殿堂很重要的一步。你不能只喜歡穿絲質的衣服，也要能欣賞毛質的外套。穿著如此，建築何嘗不是如此。

在西方古老的市鎮裡，尤其是義大利的山城，其中央廣場附近總有一座非常細緻的教堂，用白色或黑白相間的大理石貼面，鑲著細巧生動的雕刻。可是整座市鎮卻是粗石所砌成，上面覆著紅瓦。有些牆壁雖為灰泥糝成，但因歲月久遠，而已斑剝不堪。究竟哪裡才是比較吸引人的建築呢？我們到山城觀光，顯然不是為那座教堂而來，因為羅馬、佛羅倫斯等大城市中，精緻的教堂多得很，跑到山城來何為？可知所要看的正是這些小街陋巷，粗石砌成的房子。有時候一個石砌的小教堂出現在街角，比起精美的大教堂還要動人呢！

質地美的體會

巴黎聖母院：巴黎是基督教文明的最高成就。

走上這一步並不是容易的。

人類的文明原是自粗糙向精緻進步的，要我們回返自然，欣賞粗糙之美，等於從頭再走一遍不同的路。西方文明就是這樣走的。古希臘與羅馬共一千年的時間，發展出精緻的燦爛文明，到五世紀以後，燈忽然熄滅了，開始基督教文明上千年的歷史。從頭自黑暗開始，走的是信仰的路。他們掙扎著求生存，用石頭建造教堂，原沒有美在心裡，相反的，他們要壓抑對美的原始渴望，只是盡一切可能建造神的殿堂。為了達到目的，他們顧不得表面是否細緻，內部是否明亮，而把短暫的生命獻給建聖殿的大業。因此這些粗糙的石牆記載了他們虔誠的信仰與畢生的努力。

德國南部浪漫大道上的古鎮，具中世紀的美感。

直到十三世紀的哥德時代，基督教文明才重新掌握到精緻的美感，以建築藝術的美來頌揚上帝。在此之前，他們對建築只要求永恆、安全與溫暖。用石砌雖然困難，卻是避免火災的良策。對於石砌的表面產生質地之美，並不在他們的盤算之中。

十三世紀精緻的哥德教堂出現的時候，在神學界有一場辯論：究竟神的殿堂應該素樸、粗拙呢？還是應該光潔亮麗？結果是支持以華美的建築讚美上帝的一派勝利了。可是以虔誠的心匍匐祈禱的一派並沒有被消滅，由於辯論，他們已經在信仰的支持下，認識粗糙的價值了，粗糙代表生命的過程，像耕耘者的步履一樣，是虔誠者體會到的美感。通達理性，今天更多人相信法國南部鄉村教堂的美，遠超過巴黎附近富麗堂皇的大教堂，更不用說更後代的巴洛克式教堂了。是因為石頭的粗獷之美遠勝過塗脂抹粉的裝飾吧！

可以想像文藝復興帶回來的正是人人都喜愛的精緻美。完全回到人性，甚至精緻的哥德建築都被視為野蠻了。其結果是經過幾世紀的發展，產生了人見人愛的巴洛克裝飾。德國南部與瑞士的一些討人喜歡的建築，都是人性愛美的自然發展，西洋人一直要到二十世紀，才以清教徒的精神，找回粗糙質地的美感！這時候有一位大師站出來告訴我們：石頭比大理石美。

誠然，究竟磨光的大理石美呢？還是粗面的花崗石美？這是欣賞質地美的第一課。你要自內心裡感覺中認定兩者都美，只是不同性質的美而無法取捨，就已經入門了，現代人比較喜歡花崗石，是因為它的色澤與質地有變化。粗面的花崗石更可看出這種變化是表裡如一的。它呈現出粗獷的感覺，述說著幾百萬年生成的過程。它堅碩無比，不怕磨損。磨久了則顯露出與人類互動的光輝，在我維護台灣傳統建築的時候，最喜歡看到正屋前台階上，長數公尺的花崗石條。上百年的踐踏所形成的溫潤感令人感動，一種與時間抗衡的悲悽的美感。

進入精神領域的質感之美

質地與紋理是有生命感覺的美。近年來花崗石用在建築上，是打磨光亮做貼面用，是把石頭當大理石用。好像綢緞上的花紋。這就失掉花崗石質地的精神了。花崗石的花紋是粗糙的徵象，是把堅硬、耐久的感覺轉化為視覺美感的方式。它的任務早已超過表面的悅目了。

總結的說，要進入美的殿堂，先要跨越原始的純感官的需要，進入精神的領域。引領我們進入精神領域的是質感之美。當我們看到物象時，首先會看到它的表面，不期然的，我們敏感的手指觸動的反應，通過想像，轉移到視覺上。因此紋理給我們的感覺有兩個層次，一個是紋理本身給我們的美感，是花紋之美，另一個則是觸覺運動的美感。後者是觸摸的衝動。為什麼小孩子看到東西就想動手呢？這是一種用觸覺欣賞的動作。就是在這裡，理性就介入了。物質的表面可以告訴我們很多故事，使我們進入生命價值的領域之中。它不只是視覺的美感，而是通過理性與知解，強化了美感，成為我們心性修養的一部分。

磁磚表面的建築與粗磚表面的建築，哪一種使你產生美感呢？

宗教藝術之美

美感的吸引力，實際上就是因狂喜而產生的恍惚與失神。這種精神狀態與宗教信仰的要求是難以分辨的。

自從我擔任世界宗教博物館的館長以來，朋友們總問起館裡有些什麼藝術品，我實在不知如何回答，因為宗教博物館裡不一定有藝術品，也可以有藝術品。一般人的心目中似乎宗教與藝術是分不開的，因此才很自然的提出這樣的問題，然而要一個妥善的答案卻不是那麼容易了。

對於宗教略有了解的人都知道，在過去大部分的藝術品似乎都與宗教有關。直到近代宗教與藝術正式分家，這種情況才有所改變，可是藝術與宗教究竟有什麼血脈相通的關係呢？

宗教是藝術之母體

哲學家對藝術之起源有很多種說法，其中最為人信服的是遊戲說，但我認為藝術起源於宗教是比較正確的說法。至少可以說，宗教是嚴肅的藝術之母體。

藝術的定義是很寬鬆的。孩子們隨便哼哼，也可視為天籟，順手塗鴉，為某些人視為藝術。可是要談到使用一定的技巧，認真的要達到動人的目的，且需要某種創造的衝動之藝術，就不是遊戲能懂得了的。

宗教為什麼需要藝術呢？這也許應由哲學家來回答。自常識看來，宗教需要具體的象徵物來凝聚信仰，應該是根本原因。世上有些重要的宗教，在起源時都只是一個理念。基督教、佛教、回教都開始於抽象的對超自然力量的信仰，而且都不崇拜偶像。他們甚至都反對偶像崇拜，以有別於原始的神秘信仰。到今天，最純粹的、近乎理性的宗教，就是基督新教，他們仍然不崇拜偶像。回教也有類似的純粹性，所以阿富汗的前政權要毀掉佛像。表面上看起來，真正的宗教並不需要藝術。在山洞裡苦修的佛教僧人與藝術有何干？

然而宗教的創始是哲人的事業，宗教的傳播只靠對理念的信仰是不夠的，因為一般人不是哲人。宗教的世俗化是不可避免的，不但世人的信仰要依賴世俗的手段，後代的宗教領袖們，也因權力之鞏固而仰賴世俗化的力量。宗教成為掌握人心的工具。怎麼掌握芸芸大眾之心呢？

要靠神蹟，要靠感動。藝術所肩負的任務就是感動。為了感動，宗教成為藝術的支柱。即使是不涉世俗欲求的信仰，也需要感動，因此也離不開藝術。到了文明世界，宗教幾乎完全依賴藝術的感動力來堅定信仰了。

在古代，脆弱的人類心靈很容易為不常見的現象所感動。高山大水，古木怪石都曾成為崇拜的對象。所以原始的宗教以人力塑造龐大的神像，會對人心產生立即的效果。宗教或政治領袖利用巨大雕像，如埃及的獅身人面像來懾服民眾，是理所當然。隨著文明的進步，心靈的提升，粗糙而龐大的造像已不足以感動人心，藝術的成分增加，才能保有感動力，因此產生了古希臘動人的雕刻藝術：歐洲中世紀的基督教文明，經歷了同樣的過程，才到達十三世紀成熟的哥德時代。

因此，一部西洋藝術史就是宗教發展史。不知道西方的宗教，就無法理解其藝術的來龍去脈。宗教極端發達的時代也就是藝術攀上顛峰的時代。不同的宗教又展現出不同的藝術面貌，反映了宗教的精神。不知道藝術史也很難真正理解宗教史。其實何只是西洋，東方的佛教，自印度發軔，以至於因時間、空間之擴散所呈現的多種面貌，如果沒有藝術如何能深切感知？中國人所理解的佛教幾乎完全呈現在唐代的佛的造像上，南洋的佛像無法使中國人自心裡接受，正是因為造像的藝術透露出不同的精神，也就是其教義是中國人所無法了解的。

藝術的感動力

或問，那些幾乎沒有藝術的宗教又如何呢？答案是，並沒有完全丟棄藝術的宗教。在歷史上有破壞偶像、厭棄造像的宗教，有要求節儉，不相信物質事奉的宗教，並沒有不需要藝術感動力的宗教。回教不崇拜偶像，但他們有富麗的建築，與宏偉的窟窿，有美麗的植物與文字圖案的裝飾。大家不要忘記，建築是一種非常有感動力的藝術，尤其是室內空間。不論是中古的天主堂或回教的清真寺，其內部空間的感動力都勝過偶像。

建築的空間是抽象的藝術，崇尚節儉的基督新教，既不要偶像，又不在乎象徵，他們把建築看成象徵的一部分，因此也可以否定宗教建築。比較正式的、富有的宗教團體也許期望有東海大學教堂一樣的建築，可是有些非常理性又真誠信神的現代基督教徒，可以用一間公寓當成聚會場所，而丟棄一切物質的象徵，甚至不需要十字架的符號，但他們真與藝術脫鉤了嗎？

答案是沒有。只是他們需要的藝術更加精神化了而已。中產階級的現代信徒，仍然需要藝術來強化他們的信心，他們不要建築的空間象徵，卻不能不要音樂。宗教與音樂是不能分割

義大利山城。

的。只是正式的官方宗教，音樂與偶像藝術一樣的典型化了，天主堂與管風琴是一體的。鄉村的禮拜堂與風琴不能分離，他們都有唱詩班以歌頌神，堅定自己的信心。中產市民的聚會所也許連鋼琴都不需要，但他們也一起唱詩歌，以淨化心靈。

有些教會所甚至不重視唱歌，卻不表示完全與藝術脫鉤。他們至少用故事來堅定信仰。教會的主事者領導大家來回憶耶穌受難的故事，信徒們述說自己皈依的經過，或聖靈感動的經驗。這都是一些故事，他們稱之為「見證」。這樣的信仰方式是大眾信仰的現代版，只是在十六世紀後的巴洛克時代，基督教用藝術來描述這些故事，以感化大眾，今天則以口述個人的故事來感動有共同信仰的人而已。故事是最基本的藝術形式，它是一種創造，充滿了想像的魅力，因此沒有任何宗教可以離開故事而存在。原始的宗教所以會消失，就是沒有一個動人的故事廣為流傳。只憑龐大的塑像，宏偉的建築並不能保證宗教信仰的永存。

藝術的形式，自最基本的故事的創造，進而有音樂與建築，把故事內容神聖化，再進一步則為美術的介入，使信仰的想像力提升，進入性靈的境界。這就是宗教與藝術不可分割的原因。然而我們不能不承認，到了十九世紀，藝術與宗教分家了，尤其是視覺藝術，失掉了宗教的母體，尋找獨立的性格，終於開拓了自己的領域，甚至在心靈世界上，有取宗教而代之的趨勢。誠然，失掉了藝術的感動力，宗教存在的基礎是很薄弱的。宗教真失掉了藝術嗎？如果答案是否定的，它失掉的是什麼呢？

它沒有失掉藝術，失掉的是藝術中淨化心靈的那一部分，也就是藝術中比較高貴、精美的部分。藝術的感動力視藝術的形式分不同的層次。最基本的是故事的感動力。這種感動會觸動到心靈深處，引發生命悲苦的嘆息，從而解除這種痛苦。這是用痛苦來安慰痛苦的心理效應。很多宗教在基層社會的崇拜儀式上以悲慟的方式與神接觸，痛哭可以解卸凡世的苦惱。宗教音樂常常把人世悲苦之情發之以聲音。可是音韻之美卻可提升心靈的層次，使自悲痛中感受到愉悅，看到未來的光明美景，也就是神的救贖，美國南方黑人的宗教音樂之感人力量，就是利用樂音把今生的苦難轉化為未來的喜悅。

美術是比較理性的藝術，它的出現是要用形象來具體化故事的內容，以增加感動力，因此自始就是依賴藝術的表現力來達成宗教的目的。藝術家受宗教信仰的薰陶，詮釋了宗教的精義，把宗教故事活化了。基督教的很多故事，如聖子、聖女、基督誕生等，深入人心，就是藝術家予以活化造形的效果。

當人文的精神浮現，宗教面臨知性挑戰的時候，藝術幾乎是宗教信仰認定的力量。這個力量就是美感。

美感的力量

美感具有致命的吸引力。大自然賦予人類為美感動的能力，使人類甘願為它效命。古希臘的海倫，揭起了愛琴海的風雲，改寫了歷史。古中國的西施，扭轉了吳越之爭，重畫了東南半壁的地圖。可是大自然並不常在人世中創造迷惑人心的俊男美女。古希臘人知道美的吸引力與宗教的力量可以互補，所以創造了雕刻的藝術，使神話得以具體化。所謂理想主義的美，就是人世中找不到的完美，只有在想像中的神話世界裡才有。

文藝復興以後，西方人把古典時代的美感找回來，使用在基督教信仰中。自此後數百年間，藝術為宗教服務，宗教靠藝術推廣，成為不能分割的連體嬰，美感成為宗教信仰中不可少的要素。文藝復興的三位大師，達文西、米開朗基羅與拉斐爾的作品，都是美的化身。好像是他們創造或再創了基督教。自此而後的大藝術家把美感使人入迷的力量發揮到極致，與音樂、建築配合起來，打造了一個令人忘形的(ecstatic)宗教氛圍。

美感的吸引力，實際上就是因狂喜而產生的恍惚與失神。這種精神狀態與宗教信仰的要求是難以分辨的。所以巴洛克的大藝術家伯尼尼（Gianlorenzo Bernini, 1598-1680），就以狂喜（ecstasy）為名，做了一個雕刻。基督徒所說的「為聖靈充滿」，大概就是如此。基督教的藝術家所致力創造的就是這樣的境界。你可以說，極端的美感帶來的失神狀態，就是天堂在人世間實現，是大家的夢想。

在中國人眼裡，這是不健康的、不道德的。今天為媒體所廣傳的俊男美女，為成千上萬的青少年所崇拜，幾乎是基於同樣的心理，所以宗教上反偶像崇拜與破壞偶像的運動有恢復理性，返回內心世界的用意。

宗教造像之美，終於脫離了恍惚的狀態，恢復平靜的心智，是理性的力量促成的，宗教信仰的理性化、人性化，使後期的基督教藝術漸漸接近中國的佛教藝術，美感不再是致命的吸引力，是平和與寧靜的感覺。

宗教與美感的融合

成熟的宗教藝術，擺脫了信仰的狂熱，所追求的就是使心靈得到平靜的美感。不再激動、不再悲苦，這種美感幫助人們得到精神的慰藉，生命的體會。宗教藝術與純藝術分家，就把撼動人心的任務交給藝術家了。

在今天的西方世界，十八世紀以來，理性的宗教藝術已經隨著宗

元代泥塑佛像。

教精神的沒落，實質上消失了。剩餘的宗教精神重新回到狂熱的原點。它們與前衛藝術的趨向幾乎是一致的：追求原始的心靈的悸動。美感因此與宗教分家了，美感所帶來的安靜的喜悅也被揚棄了。因此今天的感性世界陷入一片慌亂瘋狂之中。

這時候，代表平靜美感的佛教藝術，一尊法相莊嚴，平和的佛像，確足以令人恢復心智的安定。我國的佛教藝術以佛像雕刻為代表，是宗教藝術中最為融合美感與宗教精神者，其審美價值歷久彌新，值得沒有宗教信仰的人欣賞、品味。當祂的面容感動你的時候，宗教的目的已經達成，已經沒有焚香膜拜的必要了。

輯四

美與人文內涵

美與人文內涵

美是一種抽象的品質，它好像一個魔咒，可以點石成金，如果沒有石，即使有了魔咒也不可能成金。

有一位朋友問我，我談美為什麼不曾提到人文氣質之美。我的回答是，因為過去談美常常使用一些空泛的字眼，才把美這樣一個簡單的觀念弄得十分複雜，因此窒礙了美育的工作。我不想把文化扯進來，是希望讀者們先把觀念搞清楚，再談文化的因素。其實我比誰都熱中於談文化；我談美實在是從思索文化因子開始的。

自飲食文化談起

美是客觀的感官反應，可是它很少單獨存在，常常是附著在文化體上。比如我們的味覺，在辨別美味時，味蕾的反應是生理的，甜、酸、苦、辣，人人都可辨別。可是食物經過烹調，就是一個文化體，因此世上各種美食即因文化的不同而不能完全互相欣賞，不但不同民族背景有此隔膜，即使同一民族的不同地域，也各自發展出不同的味覺。我是山東人，內人是江南的背景，雖為夫妻，口味截然不同，對食物的偏好很難協調，開始時必須互相遷就。

可是一旦突破了偏好的藩籬，對於美食的鑑賞者，沒有一種文化的食物不可以大快朵頤的。不但能品賞，而且還挑三揀四，自細緻處選擇。我有一位外國朋友對於各地的中國菜不但欣賞，而且十分考究。如果人類沒有共通的味覺反應，這是不可能的。在國際化的富裕時代，一個擁有國際化味蕾的人是很幸福的，即使是在台北市，各種風味的館子無不具備，如能遍嘗各國美味，真是人生一樂。有些年輕的朋友已經做到這一點，使我非常羨慕。

文化界的朋友強調本土的重要性，對於國際性的品味不免懷疑。台中想建一座古根漢美術館，文化界群起而攻之，認為這是美國麥當勞文化。這當然是誇張或誤解之辭。古根漢結合俄國冬宮與奧國美術館的收藏，是西方的精緻文化。然而為大家輕視的麥當勞是什麼呢？

麥當勞是人類味蕾美感與口感的最大公約數。這家速食公司要在美國為中下階層的民眾提供一種便宜的速食，而能百吃不厭，是很大的學問。美國城市中的基層民眾是多民族組成，口味種類繁多，要做他們的生意一定要找出共同可以接受的口味，而且不能很快倒了胃口。在這一點上，他們的研究是很成功的，因此才能在美國執速食之牛耳，街道上三步兩步就可以看到他們的分店。他們的經營，除了食物低廉、生產快速之外，非常重視清潔、衛生與產品的標準化。其目的是保持研究的成果於不墜。

以美國的經驗推到全世界也是很成功的，即使在抗拒美國文化的歐洲，一旦開店，也很受歡迎。記得若干年前，我第二次到佛羅倫斯，赫然發現在這西方近世文化的發源地也有一家麥當勞，而且大排長龍。隊伍中美國遊客之外，不少當地的年輕人在等候。第三世界國家對於麥當勞，幾乎都是很歡迎的。

麥當勞是自西食傳統食物中找到味覺與口感的共通點，它的成就到此為止，這說明了感官之美是國際性的。為什麼麥當勞食品中不加香料？因為香料是個別文化的產物，不是人人都可欣賞的。有人喜歡吃辣，有人卻不敢入口。要大眾化就要異中求同，要有特別的風味，就要同中求異。朋友請你吃「風味」餐，你要準備味蕾的驚奇感。

文化的內涵

對於生活有情趣的人，基本的口感與味覺滿足是不夠的。他們需要一些精神價值，因此才有廚藝，這是文化昌盛的國家的共同現象。由於各國文化有其特色，各有其價值觀，自然影響了飲食文化，進而影響到食物的口味。外國人把血淋淋的牛肉當成人間美味，令傳統的中國人很難接受，可是外國人看我們喜吃他們會丟掉的內臟，也覺得不可思議。經過交流，中國人可以辨別牛排的美味，外國人也可以品嘗肥腸了，而且也能樂此不疲，都是從基本味覺與口感上發展出來的美感。

談了半天吃的美感，讓我們回到正題。我不過在說明很多人所嚮往的人文之美，是建立在人文內涵之上的美，它並不具備普遍性，只有少數有文化素養的人才感受得到。

在中正紀念堂的公園裡，有一處植了些梅樹，但枝葉不茂，開花時也不豐盛，當然引不起遊客注意。可是也有幾株梅樹，因有些年紀，枝壯葉茂，冬天時花開得很好。最近幾年，每到舊曆年前後，內子與我都要去訪梅，也算是附庸風雅吧！其實我是很喜歡中國梅的。十幾年前在我籌建台南藝術學院的時候，特別到附近的梅嶺去拜訪，討回來幾十株梅樹，在校園中闢了一區栽植。並選了兩株特別可以入畫的栽在進門大道的兩側。養植不得法，枯了一株，使我十分傷心，我離校後，不知另一株尚存在否。每到冬天，我會想到那株梅花。

可是我發現，中正紀念公園的梅花雖然盛開，並沒有人注意它。倒是春天來臨，杜鵑花或櫻花盛開的時候，吸引了大量的觀眾去賞花。這是因為杜鵑與櫻花是日本人引進來的，我們習慣了日本的價值觀嗎？不是的。因為杜鵑與櫻花在盛開的時候，是非常燦爛的。或漫山遍野，或成簇成列，一片花海，凸顯了生命旺盛的印象，令人不期然感到喜樂、興奮。這是一種普世的價值。甚至櫻花在飄落時的花雨帶來的悲情美感，也有普世性。因此櫻花在華府同樣吸引大量遊客，即使對日本文化並無所知。

梅是中國文人所喜歡的植物。不但外國人不容易接受，中國一般人也很難欣賞其美感。梅以冷、瘦著稱，因為在極冷的天氣開花，沒有綠色的枝葉圍襯，而極盛時花朵也三三兩兩，附著在枝上，予人以乾瘦之感。它的枝幹色深如鐵，多轉節，剛強有力，象徵君子的志節。缺乏豔麗的美，卻多孤高之趣，所以梅之美，有一大半是中國文人在道德情操上，歷經久遠的歲月，先賢的詩文，所累積而成的概念。在人類感官上較不容易找到美感的支撐點。

那麼梅在士大夫志氣的象徵之外，難道沒有美感存在嗎？當然有。在中國近代畫家中，我最欣賞吳昌碩的梅花，因為他抓住了梅花的精神。梅的美，不在花，在枝幹，他用粗筆把梅枝的倔傲的感覺表現得淋漓盡致。自吳昌碩的畫中可以體會到，梅的美就是粗細枝幹的組合之美，花只是在這構圖上的點綴而已。世上很少有其他植物，枝幹的生長因轉折而呈現構成之美。

為什麼梅花如此特別？因為開花的時候，葉子落盡，枝幹之美因而才能呈現。花為白色，與鐵色的枝幹恰成對比。花稀不掩枝幹之美，使人誤以為梅之冷是花所造成。金農是我心儀的畫家，我曾收藏他一幅梅花，但他的梅花就抓不住梅的精神；他把梅表現在細長枝條上了。至於有些精於畫梅花瓣的二、三流畫家更不足論了。

枝幹的構成之美與書法的美感很相似，是形式美感最核心的部分，但是若沒有中國文人愛梅的傳統與志節的象徵，不可能發展出吳昌碩以書法的筆墨表達梅花的手法。梅之形式之美

吳昌碩，墨梅，水墨紙本，淺絳染色，私人收藏。上有題詩「只管和煙和月寫，不知是雪是梅華」。

與其人文價值相輔相成，可以說，人文意涵是它的內容，筆墨構成是它的形式，兩者是缺一不可的。人文的意涵使形式美具有精神上的深度。一位外國的鑑賞者沒有中國文人的背景，雖仍可以欣賞構成之美，卻無法把它與文人志節連在一起，不知人文之美是內在美，並不是美的本質。它可以賦予形式以意義。

以書法為例

人文與美的關係最好的例子是中國書法，書法是中國人的名稱，日本人稱書道。法重規範，所以中國人寫字重訓練，談師承，講究門派。道重神氣，所以日本人的字不太重法度、筆墨，看的是筆劃氣勢。在中國人的眼裡，日本的書法是缺乏法度，沒有水準。據說日本對中國書法是仰望而不可及的，可是我覺得兩者之間在基本精神上是分歧的，不能相提並論。我們看不慣日本人寫字，是從成法上看，並沒有從精神上看。我們依據的是習慣，不是表現力。

抽象的藝術重形式之美，欣賞書法要先看形式，所以書法之美的第一道關就是構成，這就是戰後日本書道最重視的那一部分。純重形式怎麼稱「書」道呢？書道的形式美是可以有內容的，此內容是文字的字義。但文字的原有架構可能因遷就構成的設計而犧牲而無法辨認，這時候文字的意義就由形式的表現來詮釋。所以書道都像一幅抽象畫，又像思想偶然成形的禪畫。日本書道的毛病常常是太重視詮釋了，沒有顧及美感，這是它不能超國界流行的原因。

書法之美的第二道關是筆墨之美。日本人好拙樸，在這一點上就吃虧了。董陽孜的字在表現觀念上與日本書道相近，但她在筆墨上完全源自中國傳統的法度，她選上好的筆，上好的墨，用流暢的筆法寫出，所以作品大多合乎美的原則，為中外人士所激賞。只是她並沒有太重視對文意的詮釋，不同的文字常以相同的形式與筆墨呈現，她的字不能視為書道，應視為書法。中國古代的大書法家已留下一些美的範例，讓後代的我們研究、學習，以便寫出優美的字跡，所以書法的練習，若能成熟就可掌握美感，因為成法中，連構成也包含在內。

第三個層次是文意，文字的內容可能是哲理的、道德的、紀念的，也可能是文學的。美的形式與好的文意相配，可以有相乘相加的效果，所以清代以來，書法家常以詩文為內容。我國人重文采，欣賞書法作品常先看文意，把書法之美視為次要，這實在是書法藝術發展的一大障礙，反而被認為重人文輕技法。然而作為一種應用藝術，這是無法避免的。形式與內容兼顧才能兩全其美。

| 書法之美：董陽孜作品中，兼有構圖美與筆墨趣味，卻不易辨認文意的書法。董陽孜/提供 |

美是一種魔咒

在人類文明中，美很少單獨存在，它總是與人間的多種情思結合在一起呈現出來，為人類編織夢境。因此單純的美一定要與其他的價值共存，才顯出它的重要性。以古典文明中美的基本原則黃金比來說，如果沒有人體的基本架構，如何顯現其價值？正因人體之美是我們的生命中所追求的夢想，而在人世中僅有極少的人類合乎此一原則，我們才為俊美的男女所感動，古希臘人以他們做成神的象徵，今天則成為媒體的寵兒，以財富奉養他們。

美是一種抽象的品質，它好像一個魔咒，可以點石成金，如果沒有石，即使有了魔咒也不可能成金。人類的文明中，為了追求幸福的生活，創造了萬事萬物，有屬於物質的，如衣食住行，有屬於精神的，如道德文章。有了美，這些人文的創造物才能光潔亮麗，發出令人激賞的光芒，垂萬世而不朽。

真有人文之美嗎？

「人文」是高貴的，只是太容易被牽強附會了，所以要認真、嚴肅的推動美感教育，最好不要扯上它。

談過美的人文內涵，就有朋友希望我談談「人文美學」，我點點頭。為什麼我不願多討論人文之美呢？我並不是反對自人文中去談美，但是很怕談人文，美的焦點反而模糊了。我再三的談美就是要盯住美不放，希望讀者們知道美為何物，因而提高審美素養。焦點一旦模糊就前功盡棄了，是我最不願見的事。

「人文之美」這個用語中，「人文」與「美」都是大家喜歡掛在嘴邊的字眼，把它們當形容詞，不論提到什麼，用上去就令人開懷，不再追究細節。我曾聽到一位學者談論藝術，談得大家一頭霧水，最後說這是一種「人文的」現象，大家似乎都懂了，有人開始點頭。人文包含的意義如此之廣闊，各人都可有自己的理解，因此大家都似懂非懂了。至於美，更是常聽到了。談論任何事情，高起興來都可以下一個結論：啊，太美了！

何謂人文？

中國人喜歡囫圇吞棗，不愛追根到底，對「人文」一詞的利用是最好的例子。人人都喜歡這兩個字，卻沒有人去設法了解其涵義。「人」是一個好字，「文」也是一個好字，看了就讓人舒服，望文生義，好像是人類的文化吧！說得稍微專業一些，是以人為中心的文化吧！仍舊毫不明確。

何必追究得這麼仔細呢？

當下就有一個活生生的例子，受了「人文」之害。那就是在教改九年一貫的課程中的「藝術與人文」。藝術的教師幾乎沒有一個人支持這樣的改革，沒有教師真正了解這門課的意義，他們都不知道要如何教這門課，好在它是一門邊緣課，教不教得好沒人追究。為什麼會創造了這樣一門怪課呢？因為當年有一位教授，福至心靈，忽然把這兩個名詞連在一起，覺得美極了，大家就鼓掌通過。這是因為教授們要把藝術課統整到社會、文化學科之中，無以名之，正拿不定主意，有人想到這個名稱，就被毫無異議的接受，他們哪裡想到因此造成的困擾！

「人文」在英文是Humanity, Humanities，單數的意思是人性與人道，也就是人之為人的特性，複數指的是人文學科。所謂人文學科，西方文藝復興時期指的是古希臘與羅馬的語言與文學，以對抗以信仰為中心的神學。後世則解釋為文學、歷史、哲學、藝術等由人類的心靈所創發的產物，相當於大學文學院的範疇。美國的國家文藝基金會，文藝兩字不是文化與藝術，是人文與藝術。對他們來說，文化是很含糊的字眼，人文才是很明確的。所以他們在基金會之下分設兩個捐助金，一是人文，一是藝術，前者指的正是文、哲、歷史（包括藝術史），後者是創造性藝術。這一點與我國的文化藝術搞在一起的基金會是不相同的。

想想看，這樣龐大的學術領域，要在國中、小學，以每周兩小時來整合，誰有這個本事？可知在教授們的心目中，人文並不是人文學科，指的是社會與文化。比較合理的推論，說得清楚一點，「藝術與人文」應該是藝術及其社會文化背景。或者是在某一社會與文化中所產生的藝術。可是沒有人想到這些，只是隱約的覺得兩者之間有一種關係，也許就是美吧！所以「藝術與人文」這門課的後面暗含著人文之美的意思！

人文就是形式的秩序

那麼人文究竟有沒有美呢？

如果把人文的「文」字照古人的解釋，等於文質彬彬的文，那就是人間的秩序與制度，人文確實與美有關。就這個角度看，人文就是古代的禮儀。從今天可看到的文獻上，知道在周公、孔子的時代所主張的社會秩序就是禮。有教養的人進退有節，一行一動都有規矩，以別於沒有教養的野蠻人。在這些禮儀中，有一個沒有明說，卻不可避免的觀念，就是禮所牽連的動作之美。

今天的中國人已經沒有禮可言了，但是禮失而求諸野，可以自多禮的日本看到一點端倪。我看到日本的古裝電影中的貴族男女，應對之間確有一種美感，那就是動作的形式美。尤其是女子，她們的舉止，表現出謙和與溫柔，處處都是以禮法來規定的；包括她們的語言在內。我們可以想像，她們是很自覺的演一場美的戲劇。她們會假想有看不到的觀眾在欣賞她們的動作，讚賞她們的儀容，所以裝扮是禮儀的一部分。其實這一點與西洋十八世紀的禮儀的意義是相同的。禮，確能呈現人文之美。

那麼人文之美在貴族生活之外還有意義可言嗎？到今天，形式已經被視為封建遺毒，完全被清算了。率真的、質樸的生活觀才被視為正常，那麼人文之美在平民社會又代表什麼意思呢？

孔子說「里仁為美」。在正統儒家觀念中，鄰里之間互相體諒、親愛就很美了。鄰居們和諧共處，不吵不鬧，稱不稱得上美呢？依孔子來說，這才是美，甚至可以說這才是儒家所稱頌的美。他們要把這種真美與目迷五色所感受的美劃分開來。

廣義的來看和諧之美，人間關係的和諧也可視為美。因為和諧帶來安詳、暢快的感覺，與視覺、聽覺的美感是相通的，這就是國內的學者喜歡談人文之美的原因。對於在形式的美感不受學術界重視的中國，這幾乎是談美的唯一出路。

我這樣分析，是因為要說明我並不反對所謂人文之美，只是要很小心的避免混淆，把焦點模糊掉。

我要指出的是，廣義的美與善是沒有分別的。鄰里之間融洽相處，互敬互讓，是善良的風俗，把這種情況以善良來描述，比用美來描述要恰當得多。為什麼不說善良，卻要說美呢？美似乎是比善良更受歡迎的形容詞。所以我在文章中不只一次指出，中國古籍中的「美」字就是「善」，就是口語的「好」，千萬不要把它與美相混。

話說回來，民間真的沒有美嗎？當然是有的。

民間之美是素樸之美，它的人文意義，我在前文中已經說過了，它的視覺美感，我在欣賞質感之美中也討論過了。一個有基本藝術素養的人，喜歡傳統的村落，幾乎是眾口一聲的。記得三十幾年前，我在台灣的鄉下尋找古趣，幾乎沒有一處不是極為動人的，我回到澎湖，在海邊的漁村中徘徊，硓砧石砌的民屋與圍牆，幾乎可以入畫，感受一種悲悽的美感。悲悽，因為你可體會到漁民生活的艱辛，來自粗糙的質感與錯落的組構。

對於熱中於古建築保存的人，任何文化、任何地點的傳統村落都是美觀的，都值得保存。歐洲建築之美，不只是精美、富麗的宮殿與教堂，而且是保有傳統風味的村落與市鎮，數百年如一日。他們為了保存古代素樸的美感，自上世紀初就立法保護。所以到了義大利的山城、德國的古鎮，像回到中世紀，好像現代的科學與技術與他們無緣。科技是他們發明的，卻讓第三世界國家亂用，用高樓大廈破壞了自己的環境，那是因為他們都能欣賞、珍惜鄉野之美。

人文不免具有偏見

前文討論到美的人文內涵。人文的內涵與人文之美有何不同呢？

義大利山城近照。

美是一種形式，人文是它的內容。這個人文指的是人性與文化。美有來自大自然者，有來自人類文明者。大自然之美姑且說是上帝創造的，目的是促生萬物，使之欣欣向榮。人類文明的造物，目的同樣是維護生命、延續生命。所不同的是人類有精神的需要，因此在造物中，不知不覺的投射了精神的價值。不同的文化有不同的造物，其原因在此。然而他們都有美質，為世人所共賞。當我們自一個美的造物中尋找其內容的涵義時，就會討論到美的人文內涵；當我們自不同的文化中發掘美質時，就會討論到人文之美。兩者其實是一體之兩面。

主要的分別在於價值判斷。喜歡談人文之美的學者，暗含著一種強烈的價值觀，有人文之美，卻沒有人文之醜。他們常常把人文解釋成高級文化（high culture），不肯承認人文有醜惡的事實，所以用社會風氣等字眼來代替文化。談人文之美只談怎樣才美，因此隱含了非高級文化也就是未經過人文化成的，就是粗俗醜陋的意涵。

一個真正有美感素養的人，很容易在林林總總的萬物中覺察到美的存在。知其美而不知其故，才追求其內涵，才有文化、藝術之學。一個非洲的面具，美感動人，使我進而了解它的意義，可以認識非洲的原始文化，而且可以促成文化的交流。自美的覺悟到文化的探索，是正面的、沒有偏見的。反過來說，一個人文主義的學者，先設定了立場，把人文與野蠻對立，非洲民族被劃為野蠻人，就不可能自其中找到美的存在。

加拿大，紅人的雕刻柱，呈現原始文化的美感。

人文主義是學術界指稱文藝復興時代的文化精神。把美感的價值判斷回歸到人的本體當然是正確的，但是在那個時代，對人的解釋太狹窄了，所以不免會有偏見。就如同中國古人，把中國視為重禮樂的文明國家，四周的民族，都是未開化的蠻夷，與動物相差無幾。這樣的態度怎能客觀的認識美的存在呢？不幸的是，中國傳統的人文觀就是承繼了儒家的學統，與西方文藝復興相當接近的觀念，與現代的人文主義觀念是頗有距離的。

人文易生誤解

總之，為了在生活中認識美的存在，最好不要濫用人文二字。有些「開明」的學者，用現代的觀念去解釋古人的禮儀，可以把吃喝玩樂視為生活美學，也就連上所謂人文美學了。這是一種誤解。

禮是一種約束，以免物欲的放縱。所以生活的美學中並不包括淫佚性的吃喝玩樂。即使在人文主義的精神中，也不鼓勵純物欲的滿足，他們只是承認物欲是人性的一部分，而理性與非物欲的美感才是高級文化，才是人性的光輝。這就是西洋在談到感官美感的時候，以聽覺與視覺的美感為高級美感的緣故。日本人在飲食的場合，一方面注重食物的口味，一方面要考究餐具之設計，就是要把味覺之美與視覺之美相結合，以提高餐飲的精神價值。以人文美學之名，稱頌物欲之美，不但不合乎中國傳統的人文精神，也違反西洋人文主義的高貴理念。

「人文」是高貴的，只是太容易被牽強附會了，所以要認真、嚴肅的推動美感教育，最好不要扯上它。

複雜與矛盾中有美嗎？

美感真正的敵人是紊亂，複雜而無秩序就是紊亂。如果紊亂加上矛盾就可以使人發瘋了。現代社會慣於利用矛盾來引起注意，是形成精神病患大幅增加的原因……

在一次「談美」的演講之後，一位同學問我古典美之外的美應怎麼理解。誠然，我每次演講，內容各有不同，總不脫離古典美的範疇，這是因為我把聽講者當成外行，而對美不曾入門的人，最重要的基礎就是古典美。可是我不能不承認，今天的世界，萬紫千紅，眩人耳目，老談古典美，不容易引起大家的共鳴。這如同生活在花花世界中，老用老莊、禪宗的觀念來談為人做事之道，不免令人感到迂闊而不切實際。

我們知道，古典美的原則在西方，歷經很多時代而不移，直到二十世紀的中葉。在建築的美學上，一九五〇年代的美國開始因抗拒現代建築而批評古典美的原則，到一九六〇年代，正式的理論就出爐了。

紐約的現代美術館出版了一個小冊子，題為「建築中的複雜與矛盾」是范求利（R. Venturi）寫的。這本小冊子開啟了上世紀後半的後現代思潮。大家都知道，後現代（Post-Modern）這個名稱是建築界先用，而漸普遍為藝、文與思想界使用的。這本書的力量就是成功的打破了現代建築的美感原則，以破壞來達成創造的目的。七〇年代以後的前衛藝術，包括建築在內，都是在此一觀念下產生的。

有破壞才有建設，這樣一個破壞性的建築理論原不應有那麼大的影響力，為什麼「後現代」的威力那麼大呢？因為這次的破壞不是單純的新理論的建立，而是瓦解了古典美學的基礎。美的原則是文化與藝術的根源，是人類文明的精神所在，打破了它，在精神上，人類不免要踏入無政府主義的門檻了。因此前衛的藝術與美感徹底分家。

複雜不是混亂

這位范先生指出，古典美是主張簡單、明瞭的，而在真實世界上，複雜、含混才是人間的實情。這話一點不假。我們走到一個歐洲城市裡，宮殿、廟宇等大多造形簡單、明瞭，可是進入市民的居住區的街巷裡，則只感到熱鬧，難以分辨建築之美醜。原因是，主要的建築都以美感為考量，而美的原則中，最重要的是秩序，所以予人以簡單的感覺。世界上最簡單的建築就是古希臘的神廟，只是一個火柴盒，包以柱廊而已，卻被奉為美的圭臬。簡單、明瞭本身與美無關，美是秩序造成的，秩序的學問可大了，所以同樣是包柱廊的火柴盒，有的美，有的不美。美被稱為美學也是這樣來的。

誠然，真實世界的現象是複雜的，不能用簡明的原則去衡量它，但是複雜中的美果然與古典美相牴觸嗎？那倒未必。因為美的原則是秩序，不是簡單。複雜是可以有秩序的，因此是可以美的。複雜不是混亂。複雜而沒有秩序才是混亂，所以混亂無法產生美感。

怎麼辨別複雜與混亂呢？舉個大家熟悉的例子吧！在台北市有一座大安公園，是在市中心少有的大型公園。當年環保人士花了不少力量才保住這塊綠地，要求闢為森林公園。這座公園每天吸引很多人去散步、運動，但是就景觀來品評，卻毫無美觀可言。十幾年了，這座公園可當得混亂二字。樹木種類很多，草花也種了不少，大小的散步道及運動設施，甚至有山有水，五花八門，看出管理單位很用心，然而，其綜合效果卻只是一團混亂。這是公園規劃者的敗筆。使台北市民失掉了體驗美感的好機會。

為什麼會有這樣的結果？規劃者以為只要種滿樹木，就是森林公園了。這是錯誤的。園景是一種藝術，目的是創造美景。規劃者一定要知道，不論是怎樣的公園，要有美景，就要確立秩序的原則。談到這裡，就可明白為什麼西洋人的幾何式的花園，把樹木排成直線，或圍成圓圈，把花草種成圖案了。我們東方人認為那樣太人為化，太僵硬死板了，與植物的本性不合。可是不能不承認，設計良好的幾何花園是美觀的。這是極端的秩序，並不一定可取。然而這是文明人對抗混亂的一種過激的手段。

英國人自鄉野環境的整理中得到靈感，創造出一種自然式園景，是從自然中找到一種秩序。看上去似乎沒有什麼規律，但是在山坡起伏的大地上，一片綠油油的草坪，隨意點綴著枝葉舒展的樹木，實際上蘊涵著另一種秩序，捕捉陽光並利於花草樹木生長的秩序。根據這種規律，西洋人發展出高爾夫球場的美學。一般人看到高爾夫球場風光之美，以為是自然生成，其實是根據英國式園景設計出來的。在後現代的設計師眼裡，英國園景也是單純的，不夠複雜。

複雜美是自然的造物

我們不妨說，凡是以美為目的的人類造物，不論它出於何種形式，總是簡單明瞭的。要複雜而具有美感，只有大自然的力量才做得到。所以真正的森林，有各種複雜的植物，乃上帝的造物，是大自然在生態均衡的原則下所產生的。我們去溪頭的台大實驗林場旅遊，總覺得杉林之美，或竹林之美，令人心曠神怡，以為是大自然的力量，其實不是。杉林與竹林都是人為的，是自日據時代以來，有計畫的種植的，栽植的目的並不是為景觀，而是為林業生產的實驗。因此我們在其他的山區看不到類似的景觀。我們到日本的山區旅行，常看到山坡上動人的林木，美得可以入畫，其實那都是人工栽植的。只有人工造林才會在一個地點種植一種樹木，因為單純，才

英國式的自然園景。

竹林之美。

有秩序，因有秩序才有美。

真正的自然森林是複雜的，初看之下並沒有美感。可是在複雜的背後有生物互賴、共生的原則，所以也是有秩序的，只是這樣的秩序不容易直接反應在我們的感覺上，才使我們敬佩大自然的奧妙，產生宗教的情緒。

森林是恐怖的，因為它是各種生物求生存的場域，人類走進去，就等於走過蠻荒，要尋求生存之道，因此並沒有美感。歐洲的文明中，把陰暗的森林視為毒蛇猛獸、魔鬼的界域，因此排斥自然之美。然而，如果你不去森林中求生存，自外部觀察，就可看出生物求生存之道所呈現的美感。各種樹木雖不相同，但共存共榮，產生一種多樣中有統一的秩序。在寒冷的地區多針葉樹，松柏等直挺的樹幹成為林相的視覺特色。在熱帶地區各種闊葉樹，交織成濃密的樹頂的世界，富於和諧的色彩變化之美。所以當十九世紀，歐洲人終於擺脫了對自然的恐懼之後，開始認真觀察自然，發展出欣賞自然之美的繪畫，描述大自然的形色就超過中國藝術的成就了。

我家住在高樓上，我的書房的窗裡有一個長檯，原是擺文物用的。內子喜歡花草，無處可植，就把一些小花盆隨便放在上面，我常常向她抱怨雜亂。一陣子之後，我發現這些毫不相干的花草呈現出某種秩序出來。這種秩序背後的力量就是陽光。我發現小花盆中的常春藤，生長得很快，成為一種統一的力量，它繁茂的楓葉狀的葉子都向著陽光，像兵士排隊一樣的整齊。在這看似混亂的窗台上，假以時日，生命的秩序就出現了。

這使我相信，人類沒有辦法創造出真正複雜的美。在人造的環境中，只有經過長時間的發展，一些不可預料的因素加到這個環境中，才會有錯綜複雜的感覺。以台北市的衡陽路來說，若看日據時期初建完成的街道，與大溪的古街相差無幾，只是高大些。經過幾十年的發展，每個店面都有一段自己的歷史，終於呈現出今天的面貌。有人認為雜亂不堪，有人則說是生意盎然。這樣的環境不是誰可以造出來的。

矛盾在於啟發想像

在古希臘的美學中，感性之外有合目的性之說，我已有專文（見〈合目的性之美〉，《漢寶德談美》頁一五九）討論過了。美感的產生與合目的性的關係原是分不開的。為什麼？因為合目的性就是秩序後面的力量。

前文中，我提到范求利先生的大文，在提倡複雜之外，高唱矛盾與含混之美。複雜是可以美的，只要有秩序就可以了，那就是一般審美用語中所說的「變化中的統一」。與古典和諧的原則是相符合的，因為複雜不是混亂。可是要接受矛盾就不容易了。

矛盾就是不合理，就是不合目的性。矛盾的外顯就是雜湊，與複雜相近。在藝術上就是不合常理的組合。這是前衛藝術最常使用的手法。它與美有什麼關係呢？

舉例說，一部汽車拆開來看，其零件何止千百？裝配起來就是一個靈活的機器，為了好看，加上一個外殼。汽車機件可稱為複雜，但是在產生動力的目的下，形成有秩序的組合，汽車因故損壞，失掉了代步的作用，把零件拆卸，可視為一堆不相干的鋼鐵廢物，除了少數可用來修車之外，就沒有用了。這時候一位藝術家看到這些稀奇古怪的物件，就發奇想，選擇了一部分，組成一個抽象的作品。自機器匠師看來，那些零件是毫無關係的結合，因此是一種雜湊，是不合邏輯的。

人類在生活中，看慣了合理的東西，把合理內化在秩序之中，實在是因為秩序是由「理」創造出來的。對於不合理的東西，看不出其中的秩序，無法產生美感。那麼矛盾的美在哪裡呢？

矛盾會產生怪異的感覺。怪異會引起新奇的美感。我在〈奇與美〉（見《漢寶德談美》）一文中已經分析過，新奇本身不是美，而是一種生命的力量，可以加強美的感受。所以在一個美的物件上，呈現矛盾的因素，可以引起我們的注意，強化了美的效果。在追求新奇與怪異的時代裡，理路上的矛盾只是很輕微的怪異，已算是很文雅的怪異了。一九六〇年代在建築上的矛盾不過是歪斜的窗口，不該有的拱圈之類。到今天已經見怪不怪了。

反乎邏輯的矛盾在藝術上不但令人生新奇感，而且可以啟發想像力。想像力是創造新秩序的動力。把一堆汽車廢料組成一個人體，必然充滿了反乎邏輯的勉強組合。可是我們都有把不相干的因素建構關係的能力，很願意接受對我們心智的挑戰。這就是我們喜歡抽象藝術的原因。一個人物的雕像可以是很美的，可是我們自古希臘以來到米開朗基羅的作品，看到美的人體太多了，已不能滿足我們的好奇心，因此對美的感受大幅的降低；因此有人用汽車的零件組成一個人體，它與血肉之軀是完全不同的，然而看上去是雜湊的組合，我們卻得到了想像的空間。

美感是心靈調養的良方

利用複雜、矛盾與含混來對抗簡明、合理的美，幾乎是二十世紀後現代主義以來的主調。也是因為如此，前衛藝術已經與美感割席斷交，形同陌路了。但是拋開藝術不談，複雜與矛盾是否有美感可言呢？

綜合上文的分析，複雜是可以美的。不但可以美，而且可以激發生命活潑生動的美感，因為複雜是自然力量的產物；它不是紊亂。它的秩序是內在的，不是一目了然的，如同科學的原理隱藏在自然現象背後一樣。矛盾是人為的，是有意的拼湊，是對人類想像力的挑戰。複雜加矛盾可以提升我們的心靈對美感追求的層次，它與古典美感並不抵觸，因為它並不違反美感的兩個基本要素。

所以美感真正的敵人是紊亂，複雜而無秩序就是紊亂。如果紊亂加上矛盾就可以使人發瘋了。現代社會慣於利用矛盾來引起注意，是形成精神病患大幅增加的原因，也就是這個原因，美感可以視為心靈調養的良方。

人文素養的階梯

如果只在上層結構裡打轉，永遠解決不了人文素養短缺的問題。我向來主張美育自生活中做起，就是希望追本溯源，直指美感基礎教育。

近來我常應邀對學校或機關演講，講題多為「談美」。為了說明在當今大環境下談美的重要性，我越來越常借用在《漢寶德談美》一書中「美的同心圓」一圖，來說明美與人文素養的關係，因此覺得有再加申論的必要（見本書頁一一〇與《漢寶德談美》頁一八二）。

在〈美感不是美學〉那篇文章中，有感於藝文界非常喜歡談美，但大家所談、所指並非一件事情，因此雖似對美甚為重視，對社會大眾的精神生活的提升卻毫無幫助。談得多，反而把大家搞糊塗了。我畫一個同心圓圖旨在把美分類，指出何種美為核心，為美的本體；何種美為邊緣，為美的推衍。也就是希望使讀者知道，大家談的都是美，但性質不同，有些可直接表現在生活上，有些則表現在詩文中。可是我沒有說明白它們之間的關係。

形式美是人文的基礎

按照我的解析，只有在同心圓內的形式美，才是真正的美。這種美來自我們的本性，經過文明的陶冶，轉化到生活之中。美感本是大自然賦予我們的一種能力，是生物求生存與延續生命的利器。經過文明的洗禮，人類把這種感覺轉化成追求精神滿足的力量。比如人類看到花的世界萬紫千紅，產生美感，他們就發明顏色，染在布料上，製成悅目的服裝。他們見人有美醜之別，發現眉目五官適當的排列是悅目的原因，就把這種排列的原則用到日用器物上，產生悅目的效果，就是美的文化。比例、組合、色彩、質感等所創造的愉快感覺，就是形式的美感。同樣的，悅耳的聲音也是形式的美感。

並不是每一個文化都創造出形式美的觀念，有些落後的文化一直停留在本能美感的

階段。因此形式美感已經是高級文化的產物了，是人文的基礎。人文是異於禽獸者的本質，只有人類才能把本能轉化為文化。可是形式美只有外表，它的內容為何呢？那就視文化而異了。

自此而後的外圈，嚴格說來都不是真正的美，而是形式的內涵。然而美是一種品質，沒有辦法獨立存在，一定要附著在一種實體上，這種實體存在的意義就是內容。附著物上的功能是最單純的內容，因為每一實體都至少有它的功能，就成為與美最不可分的內容了。比如一只茶杯，它的功能是盛茶水供我們飲用，茶杯的形狀，一方面要悅目，一方面要便於使用。因為兩者太切近了，功能與美有時分不清楚。如果一只茶杯之用途不在於飲茶，則它的存在已有疑問，還談什

明式家具兼有功能與形式之美。

麼美？因此兩者似為一體。

形式與功能是最生活化的美感，主要因為功能與生活息息相關，所謂功能就是指滿足某種生活之需要。在人文的領域裡是生活方式，在藝術的領域裡是建築與生活器物。這就是西方人把建築視為美術的原因。對於生活器物，由於功能性太強，曾被西人視為次要美術，但是這種主要、次要的觀念已被現代人揚棄了。

近幾個月，我認識了一位成功的文化企業家，他創造了一個國際知名的品牌——法藍瓷。這是一種把瓷器加以裝飾化的構想，自從推出以後，已打敗歐洲十九世紀以來的幾個高級瓷器公司，連得幾次歐美的禮品冠軍。他為什麼能成功呢？因為歐洲人在十九世紀承接了中國的製瓷技術後，用西洋的審美觀，結合了形式與功能，製造出合乎歐洲上流社會品味的高級產品。可是歐洲的廠商堅守這個原則，生產高品味生活用具，忽略了時代潮流的改變。法藍瓷的成功之道是降低了製品的使用功能，在器物上加了花鳥的造形，提高了器物的裝飾性。歐洲的高級瓷器對中產階級早就不是實用物了，是擺在玻璃櫃裡的陳設品。既然只看不用，何不把它們做成有情趣的擺設物？

法藍瓷的產品已越過了功能，到達我所謂的風姿之美的領域，追求生活的情趣。換句話說，法藍瓷生產的盤子、瓶子等，雖名為盤子、瓶子，實際上沒有用器之功能，而是雕塑意味的裝飾品。對花、鳥的喜愛是本能，如再加以適當的安排，就是最為大家所愛、雅俗共賞的藝術。所謂雅俗共賞，就是既有本能之美，也有文明之美。這與插花之藝術是類似的，只是法藍瓷把大多數人的夢想固定在生活器物上而已。

風姿之美是人文化的情趣

我所說的風姿，是把生命中的夢想與生活中的情趣呈現在眼前。單獨的看，這些都與美無關。姿是姿態，所以有動態的意思。花木搖曳生姿，因其動而有生命之感。一個嬌媚的女孩子比石刻的女神像要動人，因為她有動態，是這種動態觸動愛慕者的心弦。

但我們願意把風姿視為動態的美，是把人生的境界向上提升到精神的領域，也就是美感的世界。一個女人為了吸引異性而搔首弄姿不能稱為風姿，因為風字是教化的意思。我們說風姿綽約，是一種有教養的動態美感。中文的「風」字既有動的意思，也有化育的意思。我們對一位尊敬的師長會說「如沐春風」，對一位舉手投足令人動容的朋友會說「風度翩翩」。這裡所說的教化、教養，都是指的美感素養，是經由人文素養所達到的境界。

可是我們談風姿之美，是通過視覺所體會的美感，因此在這個層次所涉及的藝術是舞蹈，是雕塑或人物畫等視覺藝術。西洋的美術——雕塑與繪畫，基本上都是對人物的描寫。世界上最有名的畫——蒙娜麗莎，最有名的雕刻——維納斯，都在法國的羅浮宮，它們都不是動態的，展現的美感，卻是動態美瞬間的凝結。其實最典型的風姿藝術是舞蹈，以及類似舞蹈的表演，包括模特兒表演在內。

大家也許都注意到，一切動態的藝術都會在表演的過程中停頓下來，呈現靜態的畫面，現代的舞蹈與傳統的戲曲都是如此。他們這樣做，是用靜態的瞬間，讓觀

超越功能的瓷器設計。 法藍瓷／提供

眾清楚的欣賞其姿態構圖之美，也就是雕塑之美。在中國京戲中的武場，這種靜態畫面所呈現的架式是很重要的，通常是觀眾大聲叫好，用力鼓掌的時刻。如果這時的架式不好看，一切努力都白費了。

美是精神也是物質

所以各類藝術都是連通的，互相詮釋的。它們的美感要立基於形式美感之上。比較不容易與形式美連通的是文學，為什麼朱光潛先生的談美廣為人知，文章又寫得很好，但對中國的美感文化沒有發生作用呢？因為他是以文學為基礎來談美的。在我所建構的美的同心圓中，屬外圈的詩情之美。文學，尤其是詩，在中國文人心目中是最高級的藝術，談美當然要自詩文談起。但是詩的美是意境之美，我們不妨把它看為高級的美感，其內涵我在拙文〈意境之美〉（見《漢寶德談美》最後一篇）中已經詳細討論過了。

這種心意與環境的美感，產生於富於人文素養者的胸臆之中，與人類的美的需求沒有必然關係。因此在中國傳統社會中，為詩文所感動的人，極可能是對生活美感缺乏體會能力的人。尤其是隱逸之士，在物質生活上極盡簡樸，甚至雜亂無章，精神生活卻非常豐富，所靠的就是詩文的意境。也是由於這樣的觀念，中國傳統文人看不起西洋文明，認為西洋重物質，中國重精神。基於此，教授先生們就在精神的層次談美。不但朱先生如此看法，主張用美育代替宗教的蔡元培，身為部長，為什麼在美育上沒有成就呢？因為他主張的美育也是自意境之美著手的。他排斥了西方頗有成效的美育體制，埋下了近百年我國美育失敗的因子。

談到這裡，不期然的接觸到東西文化論爭的問題了。主張接受西洋文化影響的人，大多主張精神與物質是不可分的，精神必須產生在物質基礎上。主張中國傳統的人，大多認為人可以生活在精神之中。到今天，時代已經證明，物質基礎是不可缺的。一個身體有病痛的人無從享受精神生活，是我們共通的經驗，我們不能以苦修者的宗教修為作為通例。因此，以社會學來審視隱逸思想，會發現那是一種精神的逃避，可以懷疑其真實性。

那麼意境的美感與形式美感間真的沒有關係嗎？當然不是的，試想動人的詩句哪有不講究聲韻之美的？古人作詩講究韻味，就是深刻的體會到文字之美與音韻之美是美好意境的基礎。一首詰屈聱牙的詩怎可能在心靈中浮現出優雅的情境，談什麼「澄懷觀道」？而字形與音韻的構成是屬於形式美感的範疇。

在視覺藝術中，最接近詩文的是繪畫。所以自古把詩情、畫意視為一體。在單純的人物畫之外，繪畫都是描述一個情境，尤其是中國的山水畫。古人稱讚王維的詩是「詩中有畫，畫中有詩」，實際上詩與畫都在描述作者想像中的情境，傳達某種心意。繪畫，由於是視覺藝術，其意境的創造尤其離不開構圖等形式要素。

在表演藝術中，與文學最接近的是戲劇。這是一種把文學情境視覺化的藝術，舞台與布景是媒介，把想像中的情境轉化為耳聞目見的形式，其形色、音韻落實到感官美感的範疇。所以戲劇及由戲劇衍化出來的電影被稱為綜合藝術。今天的大型歌舞劇，如近來在台北巨蛋所演出的「雪狼湖」，用現代科技表現出震人耳目的聲色之美，劇中的愛情故事只是一個呈現形式美的手段而已！

美的梯階

為了讀者了解的方便，我把美的同心圓中各層美感間的關係畫成一個長方形的表格（參考本書頁一〇五）。原在核心的形式之美是最下層，依次而上，為同心圓自內而外的各層。自下而上，顯示文明的累積，各層幾乎涵括了「人文」的全面、形式之美，是人文的基礎，是純粹的美感，也是人文素養的初階。

自此而上，功能是生活的需求、生存的原則，原是一種理性。但是與美感相結合，就是我們所說的「情理」，順乎情理就是功能之美，中國人常稱之為天理。「順」字是功能美感產生的原因。情理相合，是行為與生活的原則，是一切美感的基礎，也是人文素養的進階。

再上面的各層可以稱為美感的上層結構。它們與生命的基本需求沒有多大關係，因此人文性提高，是文明的花朵。比較進步的文明，大多在藝術上都有燦爛的成就，光照後世。因此在今天看來，美似乎存在於上層，似乎可以與人文混為一談。可是我們應該注意的，不論多高級的美感都要建立在情理之上，也就是以形式美感為基礎，失掉了這一基礎，上層結構是不能在美的領域中存在的。

我承認在今天談國民美育，似乎已晚了一個世紀，可是我國確實尚未在基本美感上打基礎，如果只在上層結構裡打轉，永遠解決不了人文素養短缺的問題。我向來主張美育自生活中做起，就是希望追本溯源，直指美感基礎教育。我非常敬佩上世紀以來的藝文界名流，在美術、詩文上談美的努力，可是花朵雖美沒有枝幹是不能存在的。

感官與心靈之間

若干年前，新店溪的碧潭，使人注目的是潭上的削壁，常是畫家的摹寫對象。為什麼今天不再動人了呢？因為四周建了很多高樓大廈，我們可以居高臨下看到它，它就失掉了偉大、永恆的感動力。

自從我提出美的同心圓之後，顯示了美的深層的向度，有位朋友就笑我自貶身價。因為我在討論美的層次的時候，常常說建築的美是核心的、基層的美，而其他的藝術，如繪畫與詩文之美是外緣的、高級的美。我身為建築家而說這樣的話，豈不是在貶低建築在藝術中的地位，長他人之威風？難道建築之美真的只是最基本的美嗎？

我對這樣的問題感到訝異。因為在我為美層層剖析，以尋求各種藝術與美的關係時，最後把屬於形式美的建築放在核心，不免覺得有點自我本位，我擔心的是有人怪我高抬了建築的地位呢？這完全是觀點的問題。

感官美是美的基礎

首先要討論的觀念是，究竟是基礎重要呢？還是上部結構重要呢？這是見仁見智的。蓋一棟房子，大家只看到外觀之壯麗，忘記了它需要立足在堅實的基礎上，可是蓋房子的人知道，沒有基礎，上部結構是不能存在的。何者重要，是從何觀點看才能下結論的。

我對美的看法，是把形式美當基礎的。我認為沒有形式之美，美就不存在了。因為人類的本能中，美感是來自悅耳愉目的形式。因此任何美的事物，必須合乎形式的原則才稱得上美。否則就只能稱為美好、適當，或稱為感動、暢快。這些都是美的上層結構，與美不一定相關。我們可以把這些稱為內容，以與形式相比對，也可以稱之為心靈，以與形式美的感官比對。

在過去，藝術是美的造物，所以必須是動人的內容與美的形式的結合，建築的美是形式與功能的結合。但是建築必須有堅固的基礎，所以建築的要素中多了安全一項，這在藝術的思考上，屬於物質的範疇，被排除在美的領域之外，但結構的安全真的與美感無關嗎？

安全與安全感是兩回事，安全的條件是純物質的，安全感則涉及於精神。反過來說，在精神的範疇，是否安全並不重要，有沒有安全感卻是重要的，因為安全感與美感都要通過感官來影響我們的心靈。舉例來說，一座建築的結構無法抵抗地震是不安全的，但我們完全無所覺，會很快樂的生活在裡面，直到地震到來把它摧毀的一刻。如果一座建築在外表上看是不安全的，雖然在結構工程上可以抵抗地震的侵襲，我們住在裡面也會感到不安。中國人對建築的期待就是「居之安」，沒有安全感，身心就隨時有危機感，美感是無由產生的。

所以在建築藝術上，建築的安全與安全感最好能合而為一，也就是不要去挑戰安全的感覺。在建築史上，建築的形式美總是與結構的安全感融為一體，就是這個緣故。

佛羅倫斯是文藝復興建築的故鄉，那裡有很多大師的作品，可是很有趣的是，佛羅倫斯有些沒有建造完成的經典建築，一直保留到現在，後人並沒有把它完成的打算。其中有一座教堂，稱為聖勞倫佐，是比較早的經典作品。米開朗基羅在這教堂的後面加了麥迪西家族的墓室與幾座雕像，因而名聞全球。使我感到驚訝的是，這座教堂裡有那麼有名的藝術品，那麼美觀的室內空間，其正面卻是粗石砌成，未加任何裝飾。

教堂的正面都是粗石牆，由於高大，予人不安全感，所以文藝復興的大師們總是在表面加一大理石的正面，設計成柱樑架構，呈現穩定的感覺、優美的比例。原來米開朗基羅確為聖勞倫佐設計了正面的外觀，還有好幾個方案，只是因為經濟問題沒有實現而已。為了穩定的美感，大師們不惜作假，是人文精神的特色，他們把心靈的需要放在物質的真實之上。他們毫無疑問的把心理的安全感視為形式美感不可或缺的一部分。

建築的心靈向度

我必須承認，建築在形式與功能之外，也就是與美感的上層結構之間的關係是有爭論的。這就是為什麼古代的重要建築常常與姊妹藝術相結合的原因。

西方的雕刻與繪畫常常以人物為題材，不論是古典的神像，或中古的聖者，或後世的貴族與平民，他們喜歡描寫的是人物，因此在美感之外還表達了人間的價值。其中有宗教的意涵，有紀念的意義，可以強化建築空間的精神價值。因此在重要的公共建築，尤其是宗教建

米開朗基羅設計的表面樑柱架構，於佛羅倫斯。

｜ 教堂室內：巴洛克時代教堂建築的圓頂，以繪畫強化空間，攝於奧地利。 ｜

築上，利用雕刻與繪畫來跨越物質的界域，幾乎是必要的。

可是建築界一直不認為雕刻與繪畫是建築的一部分，他們認為建築的真精神在空間；其藝術的感動力在空間。空間是什麼呢？它真有藝術的精神價值嗎？

這是可以經過體驗證實的。人，生活在空間中，隨時受空間的影響而不自知。可是遇到特殊的環境，就會為空間所感動，為什麼詩人常常為高山大水所動呢？因為大自然的無限感使人類感到自己的渺小，而不能不為蜉蝣般的生命有所感嘆。李白的著名詩作最膾炙人口的，都有空間的無限感在內，李白的偉大是把長風萬里的壯闊轉化為生命的讚嘆。

對一般人而言何嘗不是如此。我們到陽明山，向下俯視，看到淡水河、基隆河蜿蜒流過，雖比不上長江、黃河，也足以使我們心曠神怡。一般人以為是台北的特定景觀造成的，其實這是無限空間的效應。只要前有壯闊的長河落日，我們都會感動。可是這些與建築有什麼關係呢？因為人類也很容易為有限的空間所感動。

試想我們走到一個峽谷中會有什麼感覺？仰望高不可及的谷頂，同樣使我們感到渺小。它可以使我們心生恐懼；可以使我們感到生命的可貴，大自然的神秘。我們常為山野中高大的岩壁所感動。若干年前，新店溪的碧潭，使人注目的是潭上的削壁，常是畫家的摹寫對象。為什麼今天不再動人了呢？因為四周建了很多高樓大廈，我們可以居高臨下看到它，它就失掉了偉大、永恆的感動力。

前文提到故宮的收藏中，最重要的一張畫，是北宋范寬所畫的「谿山行旅」。可是很少人注意到畫中的行旅，因為他不過是一個畫幅下部幾乎被忽略的一個小人物。我們所被感動的是占畫幅八成面積、迎面而來的石壁。古人說，仰之彌高，就是面對一塊高不可攀的大石壁時的感受。在這幅畫裡那個幾乎被忽略的行旅有沒有存在的必要呢？有，因為沒有他的渺小，就沒有石壁的偉大了。這是空間的魅力，這種魅力的來源是「尺度」，而尺度是以人為基準的。

說到這裡，再回到建築的空間，就明白建築在美感之外也可以有其感動力了，哥德建築的大教堂的感動力就是來自於人造峽谷的空間。走進大教堂的中殿，宗教情緒油然而生，就是空間的力量所迫促而成。歐洲很多教堂，未必都有哥德式教堂之宏偉，有些教堂頗有洞穴陰暗、幽深之感，神秘而懸奇，是另一種宗教情緒。所以中世紀的建築在今天看來，有一種浪漫的情趣，與古典建築明朗而節奏純淨的外觀是完全不同的。

情境跨越心物之門檻

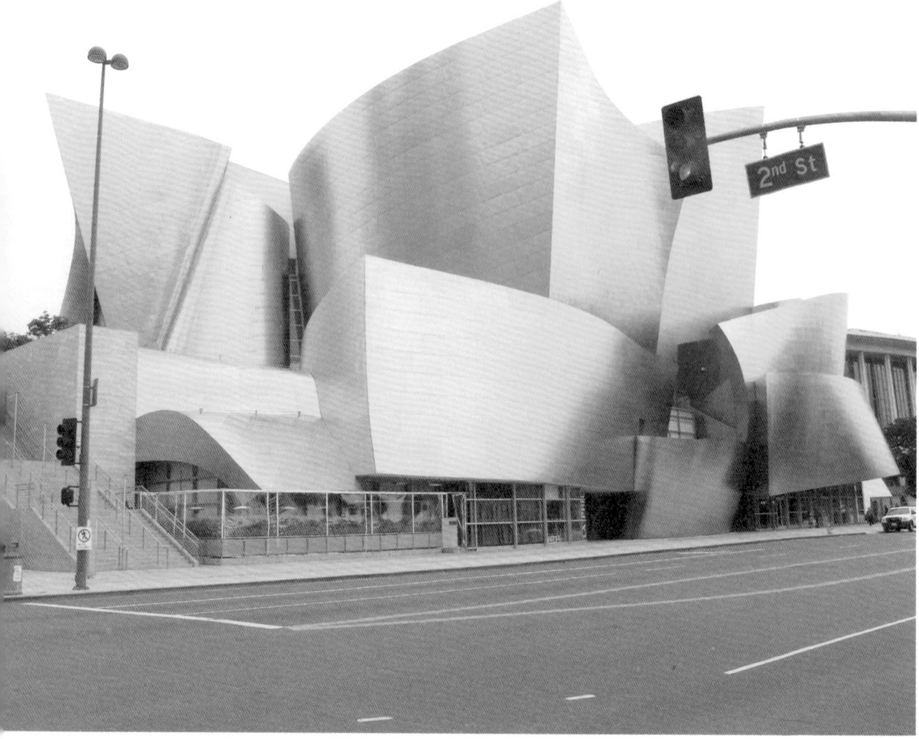

前衛建築：蓋陽設計、洛杉磯的Dikisney音樂中心。

建築之美，原是立足於形式的，但經由空間的感動力，跨越純美的界線，進入感情的領域。無可諱言的，形式與空間都很抽象、很空靈，對於一般大眾，無法產生具體的感受。因此建築才借助於雕刻與繪畫。很可惜，由於具象的視覺吸引力太大了，一旦在建築上使用了雕刻與繪畫，建築空間很容易被遺忘，具象的藝術即成為視覺焦點，可是如果在建築上恰當的使用具象藝術，能強化空間的精神，則可達到相輔相成的效果。

所以巴洛克時代的歐洲教堂才有大眾性。那時候的教堂的主要空間是圓頂，圓頂或稱穹窿，是天空的意思，可是對比於天空，圓頂最大者也不過二、三十公尺，實在不可能有天空的實感。巴洛克的建築師想出用繪畫輔助的辦法，就是用繪畫使圓頂更接近天空。把圓頂內部畫為天空，有青天白雲，美麗的天使飛翔其間，抬頭仰望，就不覺得圓頂太小了。有些富想像力的畫家，把天空的景象引伸到圓頂下面的結構，使天使可以陪同耶穌降臨世上，既美麗又可使信眾感動。其強化空間的力量是自透視術發明以來的另一階段的成就。

繪畫是創造意境的藝術，它把建築引進意境的範疇，卻把建築蒸發了。達文西在米蘭的一座教堂的禮拜堂內，神龕的壁面上畫了「最後的晚餐」，建築空間的本質就不存在了，成為一幅畫的附屬品。難道建築真的完全沒有可能創造意境嗎？

建築是環境的藝術，既然以創造空間為目的，創造「境」是理所當然的。問題只在環境與意境之間的分別了。環境是物質的空間，跨過物質的門檻，進入情意的境界，建築是可以創造意境的，這樣去解釋，只要我們用心眼去看空間，就是意境。天主堂高聳的中殿，如用宗教信仰者的心意去看，也是意境。

但是建築家真正體會到意境創造的意義，應該是自舞台上的布景開始。布景是造一個虛幻的環境，它是一種立體的繪畫，事實上布景藝術離不開繪畫技巧，而最理想的布景是與戲劇的情節融為一體的。因此布景是最接近繪畫與文學的建築。如果把布景的藝術運用到建築上，就可以在現實的世界中，創造一個情境，只是這一情境不是基於戲劇中的故事，而是來自建築家個人的想像，與文化中的共同記憶，也可以稱為意境。其實建築學中的都市設計與景觀設計，多少都與情境有關，建築的內部空間也可以視為一種情境，只是大部分的建築師缺少靈性，一直沒有能力跨越心物之間的門檻，無法一窺情意的堂奧而已。可惜的是，近二十年來的前衛建築，只在抽象的造形與空間上著想，其結果是數位化的高科技，只幫助他們創造一些稀奇古怪的東西，似乎來自太空，失掉了重要的人間性，當然更談不上情、意的闡發了。前衛建築的發展，使建築停留在形式美感的層次，拒絕了與其他藝術大融合的可能性。

藝術間的共通性

我用建築作例子說明了每種藝術有其內在的本質，但也有其融通性，可以互相參照，建築的藝術價值在形式美，但是可以伸張到其他領域，而擁有詩情、畫意的美感。日用器物的藝術，其價值兼具形式與功能之美，同樣可以向人生的價值延伸，使它超過純物質的界域。形式美既是藝術必要的條件，又是基本的條件。自必要的條件看，形式之美是視覺藝術的核心，少了它就失掉了藝術的共識；自基本的條件看，形式美是藝術的第一個梯階（見頁一〇五），從之而追求心靈更高的滿足。

跋　為美解惑的努力

進入二十一世紀，我自台南藝術學院校長任上退休，正規劃一個輕鬆的晚年生活。「明道文藝」的社長陳憲仁兄怕我太過清閒，約我寫一個專欄。我在約二十年前，有為他寫專欄的經驗，寫了兩年後出書，就約定以後有適當的時機可以再次合作。再度之後接到他的邀約，我就立刻答應，因為我想討論美感教育的問題已經悶了很多年了。再為「明道」執筆，本想以兩年為期，沒想到一寫下去就收不住了。這實在出乎我自己的意料之外。美，確實是我想談的問題，幫國家做點美感教育的工作是我多年的願望，但談那麼多，占有「明道」的篇幅那麼多年，是我沒有想到的。這說明悶在肚子裡的話太多了，一旦有個出口，就傾瀉不止。為什麼會這樣？我想起孟子那句大剌剌的話來了：「我豈好辯哉？我不得已也！」

孟子是為仁義道德而辯，因此辯得義正辭嚴。美，也值得我們有不得已而辯的感覺嗎？對我而言，這是毫無疑問的。真偽是非之辯、美醜之分是文明社會高尚品格價值建立的基礎。美未必較善容易分辨。可是古聖先賢把精力都用在教人為善上面了，卻忽視了美感的重要性。我國幾千年來，開口閉口談美，卻連美是什麼都沒有釐清，因此到今天，在美感方面我們遠遠落在西方國家的後面而不自知。這未免太可憐了。

在「明道」寫了兩年多毫無動靜，忍不住又在聯合副刊上發表了一篇〈藝術教育救國論〉。沒想到這篇邊欄文章引起藝文界一些反映，反映之一就是聯經的林載爵兄決定把我寫的那些牢騷結集成書。這就是那本《漢寶德談美》的由來。同樣沒想到這書居然引起讀者們的注意，一時之間很多機關、學校、民間團體都邀請我去談美。這使我對美感教育的推動產生了某種信心。在這股信心鼓動下，又在「明道」寫了三年。

寫來寫去寫些什麼呢？其實仍然不脫一個「辯」字。我們的社會對美的誤解太多了。為使美育邁出第一步。開始寫的時侯，主要的內容是「美是什麼？」（What），「為什麼談美？」（who），寫到後來，反覆的討論，重點偏在「什麼不是？」與「什麼是？」的激盪之中。我有時想，寫這些做什麼呢？又想起古聖人的一句話：「必也，正名乎？」我深切的覺得，美育在我國一直因為名不正得不到國人的支持。「名不正則言不順，言不順則事不成」，我太關心美育了，我豈好辯哉？我只是為關心美的朋友們解惑而已。

決定停筆已快一年了，聯經決定把後三年的專欄文章再集起來，為了有新鮮感，改用「談美感」的書名。我很想題為「解惑篇」，但未免太托大了，沒有這個膽量，仍然用一個「談」字。聯經的朋友們花了不少時間把書編好，準備付梓前，我突然要求加一個跋，以便向讀者們交心。我向愛護我的讀者保證，如天假我年，於再次退休後，一定會再寫一本，以「如何增進美感」（How）為內容，以完成我在促進大眾美感教育上的宿願。

漢寶德　鞠躬

二〇〇七年年底，於台北世界宗教博物館

談美感

2007年11月初版　　定價：新臺幣320元
2014年10月初版第七刷

著者　漢寶德
發行人　林載爵

出版者　聯經出版事業股份有限公司
地址　台北市基隆路一段180號4樓
台北聯經書房　台北市新生南路三段94號
電話　(02)23620308
台中分公司　台中市北區崇德路一段198號
暨門市電話　(04)22312023
郵政劃撥帳戶第0100559-3號
郵撥電話　(02)23620308
印刷者　文聯彩色製版印刷有限公司
總經銷　聯合發行股份有限公司
發行所　新北市新店區寶橋路235巷6弄6號2F
電話　(02)29178022

叢書主編　邱靖絨
校對　吳淑芳
　　　楊蕙苓
封面設計　李東記
封面攝影　曾敏雄
內文排版　陳曉員

行政院新聞局出版事業登記證局版臺業字第0130號

本書如有缺頁，破損，倒裝請寄回台北聯經書房更換。　ISBN 978-957-08-3194-8 (平裝)
聯經網址 http://www.linkingbooks.com.tw
電子信箱 e-mail:linking@udngroup.com

國家圖書館出版品預行編目資料

談美感/漢寶德著．初版．臺北市．
聯經，2007年（民96）
312面；14.8×21公分．
ISBN 978-957-08-3194-8（平裝）
[2014年10月初版第七刷]
1.美學 2.文集

180.7 96016299